돌팔이 선생의 궤변정담

성종규 저

쨈난인연

나의 잼난인연에게…
아버지 이야기 더 해주마 한 그 약속을
십년이나 넘겨서야 겨우 지킨다.

열번 째 생일을 챙기며

들어가며

1989년 9월에 교사가 되었다. 김한목 선생님께서 맡으셨던 열한 반의 수업을 하게 되었다. 선생님께서는 어떻게 수업을 하셨는지 궁금하여 학생들의 공책 검사를 하였다. 공책 가운데를 접어 반반씩 낙서와 필기를 하는 식이었다. 그 중에서 한 학생의 낙서는 아직도 잊혀지지 않는다.

'엄마와 김밥을 쌌다. 그런데 참 이상한 일이 일어났다. 자꾸만 단무지가 삐져나오는 것이었다. 나는 참으로 이상해서 엄마에게 물어보았다. 엄마는 열심히 성의있게 싸면 그런 일이 없을 것이라고 하셨다. 그런데 이제는 열심히 성의있게 쌌는데도 더욱 이상한 일이 일어났다. 이제는 오뎅이 삐져나오는 것이었다. 엄마에게 물어보았다. 엄마는 찬찬히 꼼꼼히 싸면 그런 일이 없을 것이라고 하셨다. 그런데 이제는 더 이상한 일이 일어났다. 자꾸만 김밥 옆구리가 터지는 것이었다. 엄마에게 이 이상한 사실에 대해서 물어보았다. 엄마는 "김밥 옆구리 터지는 소리 하지마라"고 하셨다.'

이 이야기를 한 과학 선생님께 하였다. 그리고 반년 후 이상한 일이 일어났다. '유머 1번지'에서 코미디언 '이경애'가 "김밥 옆구리 터지는 소리 하고 있네." 라는 말을 유행시켰다. 언젠가부터 돌고 있었던 말이었는지도 모른다. 하지만 말에도 'all rights reserved'라는 표시를 하여야 하지 않을까 하는 생각이 들었다. 좀 상스런 말이기는 하지만 대학 때 내가 한 말이 있었다. 군대를 갔다 오고 다시 사회에 나와 보니 그 말이 대학생들 사이에 꽤 유행하는 말이 되어 있었다. '저건 나의 것인데!'하는 생각도 있었지만 말이란게 돌고 돌아서 나 이전의 누군가가 쓴 말을 내가 쓴 것이 아닌가 하는 생각으로 아무 소리 하지 않았다.

옛일들은 점점 잊혀져 간다. 해가 지나면 그런 일은 더 할 것이다. 가끔 적어 둔 글들을 꺼내어 읽으면서 '이것보다 더 귀한 순간이 분명 있었는데…' 하는 생각이 든다. 그런 것들이 기억의 한 귀퉁이에 있을 터이지만 나오지 않으니 안타깝기만 하다. 그래서 내 글들을 모아 보았다. 이렇게 많았던가 싶기는 하지만 기억에는 있는데 흔적이 없는 것들도 더러 있었다. 그것이 또한 안타깝다. 세월이 더 흘러가고 기억 또한 더 흘러가면 더 안타까워질 것이다. 그 전에 이만큼이라도 모았으니 다행이다 싶다.

몇 분에게 보여드렸다. 너무 재미있다고 하였다. 그 분들도 학교에서 겪음직한 일들이기에 더 그랬을 것이라 생각한다. 팍팍한 학교 생활에 조금이라도 활력소가 되기를 기대하면서 글을 엮었다. 에피소드 중 나의 전작 '과학교사, 교과서를 버리다 2'에 소개된 것도 있다. 그 책을 읽으신 선생님들도 네모 안의 에피소드들이 깨알같은 재미를 준다고 했었다. 그 평에 힘을 얻어서 이 책을 내게 되었다.

2013년 5월 5일

성 종 규

차례

첫째가 되려면 마지막에 서라

'여보'세요

가슴이 아린 푸르름

꼭 잡고 있어야 안 밀리는데

자꾸 지뢰를 들먹이며

고향의 맛은

나타나라는 분은

찰나의 짧은 시간일지라도

그게 최선은 아니더라도

선생님은 최고입니다

또한 혹 어려운 순간이

스승의 날 노나요

난 오늘도 네게로 난

3월의 바람과 4월의 비를 맞고 5월에 피는 꽃이 제일 아름답다나요???!!!

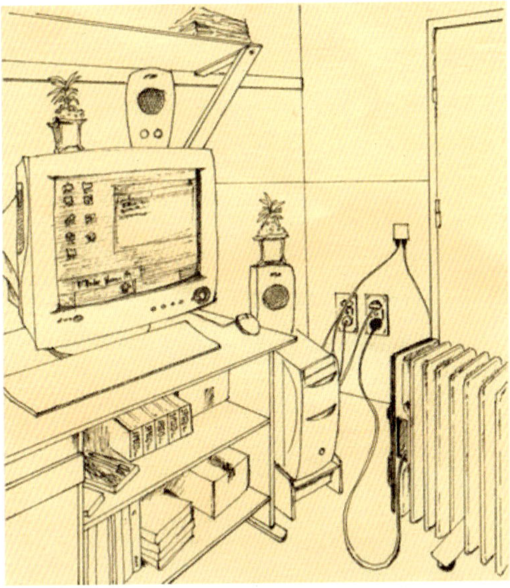

10년 전의 장전중학교 정보실.
서버 컴퓨터는 다소 시끄러웠지만 나를 쉽게 잠들게 하곤 했다.

만우절

진주중학교와 진주고등학교는 같은 울타리 안에 있었다. 중학교는 북으로 고등학교를 바라보았고, 고등학교는 남으로 중학교를 바라보았다. 그 사이로 운동장이 있고, 운동장은 나무 울타리로 나누어져 있었다. 고등학교의 등·하굣 길은 운동장의 동쪽 옆으로 기다랗게 쳐진 나무 울타리를 끼고 있었다. 현관을 나서서 동으로 난 길을 따르다 체육관 뒤편에서 옆으로 꺾으면 운동장 옆으로 난 기다란 울타리 길이 나왔다.

고 3 때는 여느 학교와 마찬가지로 야간 자율학습을 하였다. 저녁 늦게까지 자율학습을 마치고 하굣길에는 언제나처럼 2학년 때부터 한 반이었던 '광주'와 함께였다. 현관을 나서던 나는 광주가 다른 친구와 이야기하는 틈을 타서 광주가 눈치 채지 않게 바로 운동장으로 내달렸다. 운동장을 가로 질러 중학교 운동장으로 내려서서는 울타리 길의 마지막 모서리에 가방을 내려놓았다. 그리고는 울타리 길을 돌아 하교하는 친구들을 보며 다시 학교 쪽으로 향하였다. 하교하던 친구들은 거꾸로 오는 나를 의아해 하기도 하였다. 드디어 체육관 앞에서 광주와 맞닥뜨렸다. 같이 오고 있을 줄 알았던지 광주는 갑자기 앞에서 나타난 내 모습에 놀라는 표정이었다.

"아니 종규야! 니, 내 옆에 안 있었나?"

"광주야, 내 좀 보자, 잠깐만 이리 와 봐."

광주를 체육관 앞에 세워두고는 다른 친구는 먼저 보내었다.

"니, 아까 분명 내 옆에 있었는데…"

의아해 하는 광주에게 나는 느닷없는 질문을 하였다.

"광주야! 니 종규 못 봤나?"

"아니, 니~가 종규 아이가?"

"야, 광주야. 내 급해서 그런데, 사실을 이야기하자면 나는 종규 쌍둥이 형이다. 집에 급한 일이 있어 종규 급하게 찾으러 왔다."

"뭐라고, 니 무슨 말이고. 그럼, 니는 와 내를 아노?"

"그거야, 하루는 내가 오고, 하루는 종규가 오고 한다 아이가"

"그래…! 진짜 니가 종규하고 쌍둥이란 말이가?"

"그렇다 안 카나. 그만 따지고, 니 맨날 우리하고 같이 집에 간다 아이가! 그런데, 종규는 오늘 같이 안 나왔나?"

"어! 같이 나왔는데, 우찌 되었지? 어디 갔노?"

"알았다. 그럼, 내일 보자. 내 먼저 갈게."

그 말을 남기고 나는 짐짓 급한 척 황급히 자리를 떴다. 다음 날 아침 늦게 등교하여 자리에 앉는 나를 광주는 물끄럼히 보았다. 그리고는

"니 종규가? 어제 그 아~가?"

(1981년 4월 1일)

첫 사랑의 추억

부산대학교 시계탑 앞을 지날 때, 그녀는 갑작스레 애교를 떨었다.

"있잖아아~ 오오느을~ 가시나들이 자꾸 날 놀리잖아!"

그녀는 나보다 한 학년이 아래였다. 펑크 난 미팅에 나가서 본 친구의 미팅 파트너였다. 희한한 연유로 나와 사귀게 되었고, 만날 때마다 밤 11시 넘어 헤어지다보니 막차를 놓치는 경우도 많았다.

강의 노트 옆에 적어 둔 낙서를 보고서 과 친구들이 놀리더라는 것이다.

"뭐라 적혀 있던데?"

"나도 잘 모르겠는데~ 가시나들이 거기에 '무슨 씨, 무슨 씨' 적혀 있더라대!"

무슨 씨, 무슨 씨라면 '종규 씨, 종규 씨'를 이야기하는가? 일순 난 잠시 상기될 수밖에 없었다.

"거기다가~~ 텅빈 내 가슴이 이러니 저러니 하며 적혀 있다고 자꾸 놀리잖아!"

"내는~ 그래 적어 놓은 게 없는 거 같은데, 가시나들이 자꾸 놀려서……."

"가시나들이 없을 때~에, 노트를 봤거든."

나는 벅차오르는 가슴을 잠시 진정시켰다. 그리고는

"그래, 뭐라 적혀 있던데?"

그녀는 조금 뜸을 들이다가

"거기에에~, '불씨야, 불씨야, 다시 피어라.' 뭐! 요래 돼 있대."

신형원의 '불씨'라는 노래가 한참 유행이었던 때다. 난 '종규씨, 종규씨' 라고 적혀 있었을 그녀의 노트를 상상했었고, '불씨야, 불씨야'라는 그녀의 장난스런 웃음과 함께 나온 말에 자지러질 수밖에 없었다.

(1983년)

안드로메다

금정산성 동문 차씨집을 근거로 삼아 학과 천체관측회를 하였다. 바깥 마당에는 학과에서부터 지고 올라온 천체망원경을 여럿 늘어놓고 안홍배 교수님께선 천체망원경 조립법부터 별자리를 이야기하고, 별을 직접 찾아서는 보여주고 하셨다.

한편, 방 안에서는 복학생을 비롯하여 그들과 동조하는 남학생들의 산성 막걸리 파티……. 결국, 교수님께서는 참지 못하고 방안에서 막걸리 파티를 하고 있던 학생들을 밖으로 모두 집합을 시켰다. 그리고 일장 훈시……. 훈시를 하는 와중에도 술이 거나하게 취해서 비틀거리던 선배가 있었다. 그 꼴이 거슬리셨던지…….

"야, 너, 이리 나와서 안드로메다 은하(M31) 찾아 봐!"

선배는 비틀거리며 퀘스타의 접안렌즈에 눈을 갖다 대고, 동체를 이리 저리 움직이더니만,

"교수님, 안드로메다 눈에 안드롬메다."

(1984년)

돌개구멍

홀로
이곳에
머무르다
삶을 잇고

여럿이
하나되어
몰려 오고
그저 휩쓸린
자취를 남겼다.

녹색으로
흰 포말이
고요 남길땐
폭풍의 눈같은
잠깐만의 소강상태
다시 흰 줄기는 몰려 온다.

소용돌이는
육신을 헤고
살점을 휘감고 떠돌다
파편을 만들어
동위체의 봄 속 깊이 자리 잡는다.

긴 나날들을
아픔만 주고는
겨우 요강같이 생긴
배(胚)를 만든다.

홀로
이곳에
머무르며
삶을 잇다
이젠 벌거숭이 머물 우물을 만들었다.

(1986년 12월)

막사의 밤

난로가
건빵죽이 구수하게 탄다.

설국의 서정은
조기 기상이란 미명아래
물거품처럼 하얗겠지.

내일 아침은 또 얼어 튼 두 손으로
눈을 치우리라.
반합을 딱으며
사역을 준비해야한다.
찌든 생각은
죽향기따라 날려보내자.

고요할 밤
기름 난로 홀로
저렇게 뜨거운 데
오늘도
나 같을까?

구천으로 멀리 있어도
생각은 구만을 달린다.

건빵죽이
다 익었나 보다.
내일 아침도
시린 손 호호 불며
사역을 해야겠지.
장천을 따라
님이 있을 오늘 밤만을 생각하자.

(1986년 12월)

개

대학 시절, 내가 자주 가던 식당에서 하루는 특식이라며 벌건 국물의 국을 하나 내어 놓았다. '뭐냐?'는 내 물음에 아주머니께서 '개장국'이라고 하는 바람에 기겁을 한 적이 있다.

세월이 흘러, 1989년 금정여자중학교로 발령을 받았다. 장동인 선생님께서 '개' 먹을 줄 아냐고 물어보신다. 한 번도 안 먹어 보았다니, 잘 하는데 있다고 같이 가잔다. 접시가 나올 때까지도 난 처음 겪는 경험에 두려움을 가졌다. 접시를 들고 나온 아주머니께 물어 보았다.

"아줌마, 갭니까?"

그러니, 아줌마께선 서슴없이

"예!"

이러신다.

(1989년)

삼성혈

이 시대에 고르바쵸프가 소련에 있고, 부시가 미국에 있고, 양상곤이 중국의 실권자지.

옛날옛날 제주도에 세 성이 태어났단다. 세 성이 태어난 곳을 지금은 '삼성혈'이라고 하지. 거기서 태어난 세 씨족에게는 전설이 있었으니 먼 훗날 제주도에서 태어난 성씨의 후손이 세계의 지도자가 되어 다시 제주도를 찾는다는 것이야.

세월이 흘러 흘러…… 정말 그 전설이 이루어졌지. 제일 먼저 고르바쵸프가(고씨), 그리고 부시가(부씨), 그러나 양상곤은(양씨) 오질 못했어. 혹시 알아? 몰래 왔다 갔는지…….

(1989년 10월 4일)

차로 부산대학교 꼭대기를 오르려 했으나, 같이 오랫동안을 걸을 수 있어서 훨씬 더 기쁨에 겨웠던 날이었습니다.

뒤통수 때리기

친구와 영화를 보러갔지. 영화도 노천극장………. 의자 붙여 놓고 보라는데! 이런데서 영화를 보려면 좀 어려움이 많지. 특히 좌우 위빙이 심하면서도 키가 큰 그런 사람. 거기에 긴 생머리에 찰랑거리기가 장난이 아니거나, 넓게 부풀린 파마 머리. 이런 것은 뒷사람에게 많은 어려움이 주지.

친구가 몇 줄 앞에 앉아서 심하게 이런 여자에 짜증이 생긴 모양이데. 그래서 손으로 뒤통수를 타~악 치는 시늉을 하대. 내가 그래서 살짝 물어보았지.

"와! 함 때리고 싶나?"

그러고 싶다대. 그래서 내가 일어나서 그 여자의 뒤통수를 한 대 때리고 왔지. 친구는 정말 신기해 하대. 나보고 괜찮냐고! 주위 사람들도 날 신기해 하대. 괜찮다니 한 대 더 때려보래. 아직도 위빙이 장난이 아니라고.

"야! 내가 미쳤냐? 또 때리게. 한 대 더 때릴 수는 있지만……"

한 대 더 때릴 수 있다는 말에 밥 산다네. 그 말 듣고 일어나서 또 그 여자 뒤통수를 한 대 때렸지. 이젠 좀 흔듦이 줄어들고, 다소곳이 영화를 보대. 영화가 끝나는 순간까지 친구는 날 정말 신기한 인간으로 보고 있었고…….

영화가 끝나고 일어나 가는 중에 바로 앞에 그 여자가 가고 있더군. 정말 웃음이 나오더군. 친구가 내보고 또 묻네.

"야! 종규야. 니 저 여자 한 대 더 때릴 수 있나?"

"그럼! 내가 때릴 수 있으면 니 뭐 해줄래?"

'저녁 뒤에 한 잔 멋지게 사마.'하는 약속을 받고는 난 또 그 여자에게 다가갔지. 그리곤, 또 뒤통수 한 대를 더 때렸어. 하여튼 그날 난 그 여자의 뒤통수를 세 번이나 때렸고, 친구는 엄청 날 신기하게 바라본 날이었지.

어떻게 하였냐고? 뭐 간단한 것인데, 사람들이……. 묻기까지 하고 있어. 처음 갔을 때 그냥 아는 척 좀 했지.

"야! 영자야!"

이러면서 때렸지. 영화 보는 곳이니 좀 작은 소리로……. 돌아보기에 더 작은 소리로

"아, 예! 사람을 잘 못 본 모양입니다."

요랬지. 그 담에는 어떻게 했느냐고? 뒤통수 때리면서

"야! 니 영자 맞으면서 와 아이라카노!"

요랬지. 톡 쏘아보기에, 또 한 번 머리를 긁적이며, 정말 죄송합니다. 그랬지. 세 번째는? 때리면서

"야! 영자야!"

뒤돌아보기에

"영화 볼 때 저 안에서 니하고 똑 같은 놈 하나 봤다."

이랬지.

오륙도 동호회에

‘오륙도’란 동호회를 한두 달 전에 알았어요. 제 I.D.는 아직도 없기 때문에 같이 근무하는 선생님의 양해를 구해서 오륙도에 가입해 버렸어요. 부산이란 곳은 많은 컴퓨터 잡지가 대변해 주듯이 컴퓨터계에선 상당히 천대받는(?) 곳이라 생각해요. 경북, 대구보다 부산이 훨씬 후지다(?)라고 얘기하는 분이 많잖아요. 경북, 대구는 경북대의 하늘소란 팀이 큰 역할을 하고 있다는 사실을 우리 모두는 알 겁니다. 하지만 천대 받는 부산이라 해도 그 속사정이 결코 나쁘다고는 보진 않아요. 이젠 컴퓨터가 일부 지방의 전유물인 세상은 아니잖아요. 소프트웨어 전시회도 각 대학별로 경쟁적으로 열리고 있고, 정보에 취약하다 할지라도 컴퓨터 통신이 활발히 그 역할을 대신해 주고 있잖아요. 그리고 대학 아니더라도, 나름대로 역할을 하고 있는 사람들이 몰라서 그렇지 적지 않을 거예요. 이 오륙도도 그런데 좋은 동반자가 될거라 믿어 의심치 않아요.(첫 번째 이야기 끝)

저는 부산금정여자중학교에 근무하는 성종규라 합니다. 하이텔 아이디 klight는 같이 근무하시는 김광식님의 하이텔 아이디랍니다. 그런데 김광식님은 부산시내 교사 컴퓨터 연구회에서는 꽤 알아주시는 분이예요. 그 분의 프로그램이 꽤 많이 퍼져 있거든요. 이번에 (92년 9월) 「마이크로소프트웨어」란 잡지에는 그 분의 글이 나왔어요. 무려 10쪽이 넘게요. 여기의 프로그램 이름이 K-Light2 2.1인데 하이텔의 아이디와 같죠. 이 K-Light에는 여러 얘기가 있어요. K-Light를 보고 저는 이렇게 말했답니다. 김광식 선생님은 얼굴이 검으니까 K가 ‘깜’의 약자겠네요. 그러면 Light는 뭐냐고 반문하시더군요. 프로그램이 필요한 분에게 어둠을 밝히시는(Light) 양면성을 선생님은 지니고 계시죠 했죠. 그런데 사실은 그게 아니래요.(두 번째 이야기 끝)

1990년에 저와 김광식 선생님은 16비트 컴퓨터를 이용한 수업을 가지고 전국에서 최초로 컴퓨터 교육 시범을 했어요. 공식 명칭은 부산직할시 교육위원회 지정 컴퓨터교육 시범학교입니다. 거기서부터 시작해서 정말 많은 교육용 자료, 프로그램, 교재 및 읽을거리를 만들었어요. 지금도 만들고 있구요. 그런데 이 오륙도 동호회를 이용하면 그런 것들을 함께 공유할 수 있겠더라고요. 그래서 바로 어제는 5번란에 가서 글을 올려도 봤죠. 그런데, 쩝……, 통신이 서툴러 한글 문제를 신경쓰지 않고 올렸지 뭡니까? 그래서 다시 그 내용이 뭔가를 쓰는 글을 올리지 않을 수 없었습니다. 하여튼 다음부터는 잘 되리라 믿고……,(세 번째 이야기 끝)

위의 세 번째 이야기를 읽으셨다면 말씀드리겠습니다. 물론 읽으셨기에 여기까지 왔겠지요. 저나 김광식 선생님이 적은 글들은 적지 않게 참고가 될 거는 같거든요. 그런데, 이것들은 길이도 길 뿐더러, 도대체 어디에다가 올려야 하는지 사실, 감이 확 안 오거든요. 쩝, 예를 들면, 아래 한글에 대한 글, 컴퓨터 운영체제에 대한 글, 또는 컴퓨터 태동기의 역사에 대한 조그만 생각, 컴퓨터실을 설치하여 운영하시려는 분에게 드리는 도움말 등이 하도 주제가 너저분하여 일관성이 없는데, 어디 도대체 일관성 있게 정리되어 있는 메뉴를 보고선 선뜻 여기에 적으면 되겠구나 하고 직관이 오질 않아요.

그래서 애깁니다만, 앞으로 klight(김광식)으로 오는 글들은 좀 마구잡이로 되어 있더라도 오륙도 동호회원 여러분들이 널리 양해 있기를 바라는 의미에서 이 글 올립니다.부산금정여자중학교 컴퓨터실(우리는 '금샘골'이라 부르길 좋아해요)

긴 글 읽어 주셔서 감사하와요…….

성 종규 배상

(1992년)

별 헤는 밤*

☆☆☆☆☆☆☆
☆☆☆☆☆☆☆
☆☆* ☆☆☆☆
☆☆☆☆☆☆☆
☆☆☆★☆☆☆
☆☆☆☆ *☆☆
☆★☆☆☆☆☆……

(1992년 10월)

* 낭독은 독자의 몫입니다.

금정여자중학교 1학년 3반 수업

선생님을 한 지 첫 해부터 왠지 그래야 되겠다 싶어
수업을 들어가는 나의 손에는 테이프 레코드가 들려 있었지
그리곤 그 속에는 내가 좋아하는 노래의 테이프가 들어있고……

오 분이면 거의 대부분의 노래를 들을 수 있으니……
오 분 정도의 시간을 내어서 노래를 하나 듣고 수업을 시작하였지

1993년 금정여자중학교 1학년 3반 수업……
대충 년도만 알지
하여튼 반은 정확해
이 말을 했던 아이의
이름도 기억하지…… <서지영>

노래를 같이 듣고 테이프를 끄는데, 지영이가 이렇게 말하더군
“선생님, 났어요, 났어요, 고 났어요…… 그거 한 번 더 듣지요!”
세상에 이런 노래가 있었나? 혹 그대들은 이 노래를 아시는가?
그날 들은 노래는

글렌 메데이로스의
‘Nothing Gonna Change My Love For You’였는데…….

(1993년)

고려 시대엔…

고려 시대엔 모든 사람들이 다 컸는가 보다.
무슨 말인지?
그 증거로 고려 가요를 보면 안다.
'위 두어렁셩 두어렁셩 다롱다리~'
다~ '롱다리'라잖아!

(1993년)

엉성방아

칠판에 '엉성방아'라고 적었더니 아이들이 난리다.

"선생님, '엉덩방아'인데요!"

"그런가? '엉성방아' 아닌가? 제대로 꽈당하지 않고 엉성~하게 꽈당하는 거 말야!"

(1993년)

베토벤 피아노 소나타

돌 선생은 레코드방 백수다. 백수도 단계가 있는데, 주인과 안면만 튼 정도가 초급, 주인 대신 가게 정도는 봐 주는 것이 중급, 급할 때 돈 10만 원 정도는 융통할 수 있는 정도가 고급이다. 돌 선생은 아마 고급은 될 터이다.

별 일이 없으면 레코드방에 들러, 패밀리-동네 가게 주인들이나 돌 선생과 비슷한 백수-들과 세상 이야기를 나누고, 신문을 보고, TV를 보고, 음악을 듣는다. 주인이 대신 가게를 맡길 때를 대비하여 음악적 소양을 갖추는 것은 생활을 위한 하나의 방편이다. 다양한 취향의 손님을 고려하여 구석구석에 있음직한 음악도 찾아내어야 한다.

어느날 손님이 베토벤의 피아노 소나타를 찾았다. 특별한 취향이 없었던지 손님은 주인 아저씨에게 추천을 부탁하였다.

"20번도 좋고, 21번도 좋습니다."

"잘 모르는데, 하나만 선택해 주세요."

"뭐, 그렇다면, 한 번 들어 보시고 고르시지요?"

주인아저씨는 앉아 있던 돌 선생에게 물었다.

"성 선생님, 몇 번 들어볼까요?"

앉아서 주인 아저씨가 타 준 커피를 마시며, 신문을 보고 있던 돌 선생은 느닷없는 주인 아저씨의 질문에,

"뭐, 한 번만 들어보지요."

(1994년 8월 10일)

1994년 2학년 10반 학급일기집 '우리 모두는…' 3집을 내면서

'함께 되는 우리'. 이 급훈이 너희의 마음에 분명 들지 않았을테지. 급훈은 한 학년 학급 운영의 기초가 되는 것으로, 이 급훈 정도는 적어도 지켜야 한다는 담임의 말이 고까웠겠지. 거기다가 너희들을 만난 첫 날조차 담임의 모습은 후줄근하기 그지없었으니 마음에 안 드는 담임이 마음에도 안 드는 일을 꾸미는 것이라고 불평을 해 대었을 것이고…. 급훈을 실천한답시고 별별 일들에 억지로 너희들을 잡아둔 걸 생각하면 조금 미안도 하구만.

수학여행을 우리 반의 추억 만들기의 장으로 가꾸자는 제안을 성심 성의껏 따라준 너희가 고맙다. 문장대의 쓰레기가 몇 안 되는 손길 속에 모두 없어질 리는 만무했다. 그러나 문장대에서의 자연 보호 활동을 좋았던 것이라 느끼는 너희가 많다는 그 사실만으로도 함께 흐뭇한 일이지 않은가! 문장대에서 보여 준 질서 의식처럼 너희가 모든 일을 임한다면 얼마나 좋은 일일까?

재영이는 아무래도 찾지 못하리라는 불길한 예감이 들었다. 그러나 너희들이 북문까지 갔다 오는 초인적인 우정을 보여 준 덕분에 재영이를 만날 수 있었다. 비록 너희들을 앉혀 놓고 혼자 죄 값을 받는다고 서 있었지만 나중에라도 너희들은 '함께'의 소중함을 깨칠 때 이 일을 생각하도록 하렴. 학년 말에 달라진 재영이를 생각하면 너희들은 어려운 역경 속에서 사람이 클 수 있다는 것을 몸소 느꼈으리라.

행사는 순조로웠다. 길거리 농구를 한다고 빠진 원석이가 조금은 얄미워 보이기도 했지만 너희들이 준비한 정성스런 식단과 음식을 알맞게 나누고, 또 능숙하지 않지만 땀이 배인 몸놀림은 담임을 흐뭇하게 하고도 충분히 남았구나. 임시로 차린 전산실에 놓인 모둠별 1식 3찬을 맛 본 선생님들의 칭찬을 이제야 너희들에게 들려 줄 수 있구나. "야! 멋진데……. 얼마나 좋은 일이야. 남자도 이럴 수 있구나."

전체 조례에서 우리 반의 참석 인원을 세는 것이 나의 버릇인 줄 너희들은 전혀 몰랐을 테지. 오랜만에 같이 돌았던 '뺑뺑이'는 군대 시절을 생각나게 하더구나. '완전 군장'이라면 너희들에게 생소한 단어이리라. 철모를 쓰고, 배낭과 소총을 맨 완전한 형태의 전투 복장을 그렇게 부른다. 완전 군장에다 연병장을 쉰 바퀴 이상을 돌아야 하는 소위 '뺑뺑이'. 선생님은 그렇게 돌아 봤기에 함께 돌아도 힘들지 않았지만 너희들은 조금 힘들었을테지. 그러나 그 후론 전체 조례 참석은 당연히 해야 하는 일로 아는 너희들이었으니 그 효과는 참으로 컸어. '함께 되는 우리'의 급훈 실천이야말로 너희들에게 내려진 지상 명령이지.

준비는 곧 성공을 낳는다. 소풍 준비로 근 1박 2일을 소모하는 너희들이고 보면 너희들의 소풍이 즐거웠을 것이라고 누가 예견하지 않으랴. 그 날, 정한 규칙을 지키지 않고 트럭을 타는 편법을 부린 몇이 밉기도 했었지만 다 내려 간 다음에도 너희들끼리의 시간을 가지려고 애썼던 것을 보고는 그 미움은 언제 없어져 버렸는지 몰랐다.

게시판의 게시물이 모두 없어져 버린 2학기 어느 날. 새롭게 게시물을 준비하라고 법석을 떨기는 도무지 싫은 노릇이라 학급 낙서 대회를 열었다. 그리고 이왕 하는 행사인데 벼룩시장도 함께 열기를 제안했지. 다행히 행사를 주관하겠다는 자원자가 많아서 쉽게 일은 진행되었다. 그런데 벼룩시장하고 남은 돈이 분명 있을 것인데 충규는 왜 그걸 입 싹 닦고 아무 말 않는 거지?

춘계방학을 아랑곳하지 않고 또 다른 학급 행사를 벌리려던 너희들! 이제는 내가 너희를 따라해야만 하게 되었으니. 덕분에 대자연의 숨결을 느낄 수 있었고 너희들의 성장한 모습을 살짝 엿볼 수 있었다.

경수의 그런 질문이 나올 만큼 귀찮은 일들이 많았으리라. 책상 위에 앉아서 종례하기. 5분간의 명상, 친구들이 생각하는 나, 야영 깃발 만들기, 미래의 나의 모습 등. 시도 때도 없이 내어 주던 종이쪽지가 지겹게 느껴지는 것은 당연한 것이지. 경험 속에서 인간은 발전을 한다고 믿으며 그런 경험을 할 수 있게 여건을 제공해 주는 것도 담임의 역할 중 하나라고 나는 항상 믿고 있지. 좋았던 순간의 추억이 있었다면 소중히 여기고 그리고 그것을 다른 이에게도 향유할 수 있게 해 주기를 바란다. 나빴던 때도 있었겠지만 그런 것들도 이젠 서로 털고 화해할 수 있겠지. 나에게도 그런 점이 있었겠고, 역시 화해를 구한다. 종업식 날, 학급 야영 때 해 보았던 '서로 안아 주기'를 해 보았지만 그래도 겸연쩍어 하는 몇 친구가 있었다. 그러나 마음은 그렇지 않았겠다고 여기고 너희들을 최고 학년에 올려 보내며 담임이 몇 자 적어 보았다. 학급 일기집 '우리 모두는' 제 3집이 너희들의 책꽂이에 꽂혀 현재를 살피고 미래를 설계하는 좋은 자료가 되었으면 좋겠구나.

1995년 2월 25일 담임 성 종 규

(1995년 2월 25일)

언제나 싱싱하게 희망에 부푼 스스로 생각하는 푸르름일 것입니다.

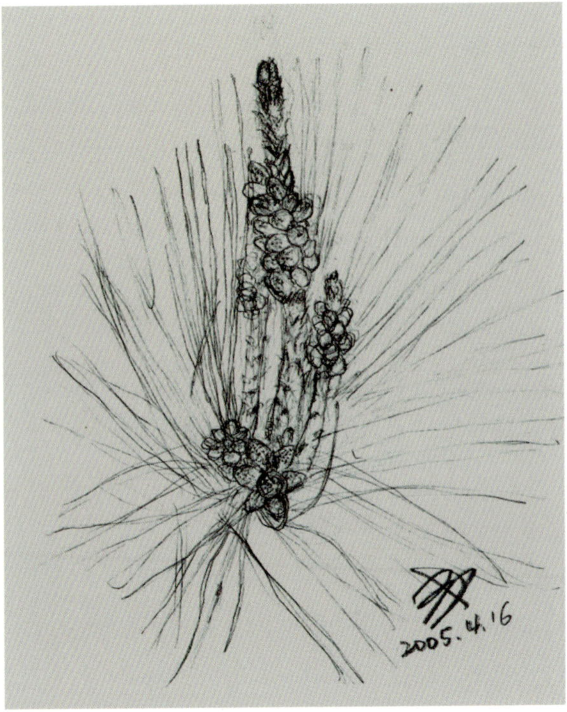

봄 햇살이 너무 좋은 어느 날!

금양중학교 뒷동산은 야외 수업의 최적지다.

소나무에서 암꽃, 수꽃이 한창이었다.

똥때리기

한국 사람들의 조어 능력에는 감탄을 금할 수 없다. 왠 '똥때리기'……. 똥을 눌 때도 때려서 눈다는 말인지? 눈 똥을 때린다는 말인지? 내가 누는 방식과는 상이하게 누는 사람도 있나 보다. 하여튼

과거 어린 시절 화장실을 쓸려면 장애가 적잖았다. 특히나 장마철에 화장실차가 와야 할 그럴 때쯤 되면 이제 거의 다 찬 공간에, 수분조차 많은데다가 튄 파편을 걱정해야 할 자세로 일을 치러야 했다.

그러나 걱정은 접어두라. 우리 선조들이 익힌 무공을 익힌다면 어떤 어려움도 없나니……. 그 무공에는 익히는데 따른 장점도 여럿 있으나 지면 관계상 그것은 생략한다.

1. 수직상승법

이건 파편이 튀는 만큼 당신도 함께 일어서는 것이다. 혹은 바닥이 튼튼하다면 튀어도 좋다.

2. 좌우비켜법

파편을 피해서 한번은 오른쪽으로 한번은 왼편으로 비켜 서는 법이다. 좌우를 번갈아 하는 이유는 너무 한쪽으로만 계속하면 몸의 균형을 잃을 때도 있다는 것이다.

3. 폭탄투하법

튀어 오르는 그것에 한 방을 더 떨어뜨려라. 물론 조준을 잘 하는 것이 관건이겠지만, 대개 한 자세를 견지하면 거의 90% 안에 표적이 들어온다.

4. 부유선광법

대부분이 삭아서 바람이라도 불면 파도가 치는 상황이지만 일부 최근에 생산된 것은 그래도 둥둥 떠 있다. 이것에다가 살포시 생산을 하면 된다.

5. 비류직하법

이것이 가장 익히기 어려운 무공이다. 1, 2, 3, 4를 익히는 과정에서 나오는 여러 내공들이 복합되어야 한다는… 이름은 '이백'의 시에서 파생되었다. 폭포에서 떨어지는 물줄기가 무려 삼천척이나 수직에서 내리꽂힌다는……. (飛流直下三千尺비류직하삼천척) 이쯤 되면 어떤 무공인지 대충은 감을 잡았으리라.

하여튼, 처음 생산부터 마무리 될 때까지 한 번도 끊어지지 않게 연결시키는 일명 '연결법'이다. 마지막은 1, 2의 초급무공으로 마무리를 하면 된다.

(1996년)

토인비

토인A 집단이 있었다. 토인A 집단의 인구가 늘어나자 집단 중에서 일부는 도태되고, 그 과정에서 이주가 생긴다. 새롭게 다른 지역으로 이주한 토인A 집단은 새로운 환경을 개척하고, 그 환경의 도전에 대한 적절한 응전으로 새로운 환경을 이겨낸다.

오랜 세월이 지난 후, 이주한 집단은 원래의 토인A 집단과는 다른 생활습성, 신체 구조를 가진 집단으로 변모한다. 이래서 토인B 집단이 생긴다. 토인B 집단에서 다시 분기되어 나온 집단은 토인C로, 토인D로…….

정말로 오랜 세월이 지나, 토인X에서 이주한 토인Y가 아직도 변화(진화)가 되지 않은 상태의 토인A 의 영역으로 이주하게 된다. 결과적으로 토인Y는 토인A에서 나왔으나 토인A에 비해 더욱 강한 종족이 되어 있다. 토인A는 멸종을 한다.

더욱 오랜 세월이 지나……. 인류학자가 서로 다른 퇴적층 속에서 점진적이지 않은(급변적인) 서로 다른 두개골을 발견한다. 아래의 층에서는 토인A 의 두개골이, 조금 위에서는 토인Y의 두개골이 나왔다. 처음에는 전혀 다른 인류의 조상이 한 장소에서 나왔다고 분분한 의견들이 쏟아지나, 위와 같은 생각이라면, 가능한 설명이다.

진화는 점진적으로 이루어지나, 한 영역에서의 미씽 링크(missing link)를 해결하지 못한다면 평행상태는 급변한다. 이를 평행급변설(punctuated equilibrium)이라 한다. 평행급변은 인류의 진화를 설명하는 여러 설 중에서 하나이다.

결국, 인류의 진화는 새로운 환경이라는 도전에 생존을 위한 응전을 하여 이루어질 수 있다는 것인데, 이 〈도전과 응전〉의 가치를 이야기한 역사학자를… 그 사고의 출발(토인B)을 기념하여 〈토인비〉라 하였다.

믿거나, 말거나…….

(1996년 11월 10일)

바벨탑은 과연 존재하였는가?

구전으로 이어진 사실은 전설이 되고 신화가 된다. 역사적으로 오래되면 될수록, 입과 입을 통해 전해지는 사이에 더욱 각색되고, 더욱 은유의 정도도 심해진다. 인간이 하늘에 오르고자 탑을 쌓았다. 그러나 다 쌓기도 전에 위와 아래의 의사소통이 되지 않고 바벨탑은 허물어지고 만다. 이와 같은 바벨탑의 전설 혹은 신화를 어떻게 역사적 사실로 받아들여져야 할까? 부족 혹은 더 이전의 씨족 사회에서 농경으로 일찍부터 정착하지 않은 민족은 더욱 더 푸른 초지를 쟁탈하기 위한 전쟁을 하였을 것이다. 이 와중에서 무기가 앞서고, 문화가 앞서는 민족은 당연히 그렇지 않은 민족을 식민지화 하였을 것이다. 일제의 식민 통치가 교훈하듯이 식민지 민족을 지배하는 전통적이고 효율적인 방법은 그들에게 새로운 언어의 사용과, 새로운 종교를 강요하게 된다. 식민 통치를 한 민족은 토착 민족에 비해 더욱 강성한 문화를 자랑하던 하늘에 제사지내는 제단을 쌓던 민족이었을 것이다. 이를 하늘 신 혹은 천신 민족이라 하자. 천신 민족의 하늘에 제단을 쌓는 풍속은 세계 도처에 유적으로 남아있다. 토착 민족에게 그들의 종교를 강요하게 되고, 종교 의식을 치르는 제단을 토착 민족을 착취하여 만들게 하였을 것이다. 이것이 하늘에 오르고자 쌓은 바벨탑의 정체이다. 제단을 쌓는 것과 함께, 토착 민족에 대한 언어 교육은 병행되었다. 채찍과 무기만으로는 토착 민족을 착취할 수 없었기 때문이다. 언어 교육을 함으로써 일을 더욱 효율적으로 할 수 있게 되는 것이다. 제단을 쌓는 과정은 오랫동안 계속되고, 오랜 착취에 서서히 토착 민족의 내부에서 민족의식이 싹트게 된다. 민족의식은 토착민 스스로의 언어를 되찾는 운동으로부터 시작되고-마치 우리도 민족의 언어를 되찾기 위한 운동이 일어났듯이-이는 지배 민족으로 은유되는 탑의 아래쪽과, 피지배 민족으로 은유되는 탑의 언어가 서로 달라진 것으로 비유된다. 민족의식의 발로는 피지배 민족에게 어떤 강한 힘을 주어 지배 민족을 지역 내에서 내쫓게 되던지 혹은 더 이상 탑을 쌓지 않게 만들었을 것이다. 바벨탑은 오랜 과거에 식민 지배와 피지배와의 갈등을 은유한 역사적 사실이 되기에 충분한 이야기인 것이다.

(1996년 12월 20일)

교육부장관님께

국가적으로 어려운 때에 국민 모두가 힘을 모아야 할 때라고 생각합니다. 새로운 업무 파악에 여념이 없으실 것이지만 우리 교육계가 안고 있는 많은 문제점을 속 시원히 해결해 주실 명안을 가지고 있으리란 기대를 새로운 교육부장관님께 해 봅니다.

저는 부산의 동현중학교에 재직하고 있는 교직 경력 8년의 과학 교사입니다. 군을 제대한 후 임용이 되어서 학생들을 교육하는 데 항상 부족함을 느끼던 차에, 지금으로부터 4년 여 전에 대학원에 진학을 하여 지금은 부산대학교 박사과정에 이르고 있습니다. 새롭고 달라진 내용을 배우고 또한 그것을 새로운 사고로 학생들에게 전달하고 함께 느끼는 즐거움은 대학원에 진학한 보람을 갖게 하였습니다.

일전에 한국과학재단에서 주관하는 〈'96 한 · 독특별협력사업〉의 일환으로 한국의 과학기술인력을 파견하는 프로그램을 컴퓨터통신망에서 보게 되었습니다. 이에 선진과학기술을 습득할 수 있는 좋은 기회로 여기고 응모했던 차에, 운이 좋았던지 저가 선발되는 기쁨을 누렸습니다. 독일의 과학자에게 초청을 받은 인력에 한하여 6개월간의 체제경비를 한국과학재단에서 지원하는 조건이었습니다.

독일 프라이부르크대학, 광물 · 암석연구소의 Keller(켈러) 교수로부터 8월 초부터 초청한다는 서한을 접수한 이후, 교육청에 수차 들러 저의 인사 관리에 관한 문제를 협의하였습니다. 그러나 결과는 〈현직 교원이기 때문에 현행법상 6개월 동안의 연수는 할 수 없다〉는 회신이었습니다.

'현행법상 할 수 없다.'라는 회신으로는 저에게 납득이 되지 않는 처사라 생각합니다. 저 문제로 온갖 법령을 찾아보며 골머리를 앓으셨다고 하셨지만 '무슨 법 몇 조 몇 항에 의하여 되지 않는다.'라는 조목조목의 설득이 없는 것이 첫째 이유였으며, 관련법령을 찾아 본 저나 부산대학교의 저명 법대 교수들의 해석과는 교육청의 해석이 서로 달랐다는 것이 다음의 이유입니다. 저와 같은 사례가 부산광역시 교육청에서는 처음 있는 사례였거나, 아니면 이전에도 있었지만 교육청의 이와 같은 회신에 대해 당사자가 수긍했었는지 모르겠습니다. 교육청 장학사들과 여러 차례의 상담시 저의 문제로 상의한 여러 사람들과 저의 공통된 의견은 '새로운 일을 임기중에 하지 않으려 한다.'는 한마디로 '복지부동'이었습니다. 특히 '교육부에서 파견 지시를 내린다면 모를까' 하는 답변에서는 더욱 그랬습니다.

저의 사례는 다음의 관련 법령에 의하여 6개월의 연수가 가능한 듯하나, 현재 교육청과는 약간의 감정적인 대립도 있는 관계로 더 이상 거론해 보았자 모든 문제는 저에게 불리한 상태가 된 것 같습니다. 또한 시간적으로도 촉박한 관계로 이와 같은 편지를 드리게 되었으니 부디 검토해 보시고 되도록 빠른 시일 내에 회신을 주시기 바랍니다.

교육청의 회신에 대해 과연 현행법상 어떻게 되어 있는가를 교육관계법령집을 통하여 찾아보았습니다. 다음에 열거한 관련 조항들을 보고 저는 6개월간의 연수를 할 수 있게 되리라고 생각하였습니다.

국가공무원법 32조 4

① 국가의 각급기관의 장은 국가적 사업의 수행 또는 그 근무수행과 관련된 행정지원이나 연수 또는 기타 능력개발 등을 위하여 필요할 때에는 소속기관원을 다른 국가기관·공공단체·행정투자기관, 국내외의 교육기관 또는 연구기관 기타 필요한 기관에 일정기간 파견근무하게 할 수 있다. 이 경우 파견근무하게 할 수 있는 기관 및 단체의 범위는 국회규칙·대법원규칙·중앙선거관리위원회규칙 또는 대통령령으로 정한다.

〈저는 '96 한·독 특별협력사업의 일환으로 선발되었기 때문에 국가적 사업의 시행에 해당된다고 보며, 또한 독일에서의 연수는 선진 기술 및 교육활동에 대한 견문을 넓힘으로써 저의 앞으로의 교육활동에 많은 도움이 될 능력개발의 조항에 해당된다고 봅니다. 또한 독일 프라이부르크대학교 광물·암석연구소는 국내외의 교육기관 또는 연구기관에 해당되므로 대통령령의 제한 조건이 없다면 이는 파견의 사유가 되리라 봅니다.〉

교육공무원임용령(대통령령) 7조 3항(파견근무)

① 교육기관·교육행정기관 및 교육연구기관의 장은 다음 각호의 1에

해당하는 경우에는 국가공무원법 제 32조의 4의 규정에 의하여 소속교육공무원을 파견할 수 있다.

1. 교육기관 · 교육행정기관 및 교육연구기관외의 기관 또는 단체에서 국가적 사업으로 교육 · 연구 · 학술진흥 등의 업무를 수행하기 위하여 특히 필요한 경우

4. 교육공무원의 연수를 위하여 필요한 경우

7. 교육공무원의 능력을 개발하기 위하여 국내외 교육기관 또는 교육연구기관에 파견할 필요가 있는 경우

8. 국가간 또는 국제기구와의 협력사업을 수행하기 위하여 외국 또는 국제기구에 파견할 필요가 있는 경우

② 제 1항의 파견기간은 다음과 같다.

1. 제 1항 제 1호 · 제 2호 · 제 6호 및 제 8호의 규정에 의한 파견기간은 2년 이내로, 동항 제 3호 및 제 5호의 규정에 의한 파견기간은 1년 이내로 하되, 특히 필요한 경우에는 1년의 범위 안에서 이를 각각 연장할 수 있다.

2. 제 1항 제 4호의 규정에 의한 파견기간은 그 연수를 위하여 필요한 기간으로 한다.

3. 제 1항 제 7호의 파견기간은 1년 6월 이내로 하되, 특히 필요한 경우 6월의 범위 안에서 이를 연장할 수 있다.

〈저가 파견될 수 있는 사유는 제 1항의 위의 사유들이라 생각하며, 특히 제 4호 · 제 7호 · 제 8호의 조항은 저에게 적용되기 적합하다고 봅니다. 2항은 사유에 따른 파견의 기간으로 어느 조항에도 '6개월간의 파견은 되지 않는다.'라는 조항이 없습니다. 교육청에서는 1년 이상은 가능하나 1년 이하는 오히려 불가하다는 설명이었는데 이것이야말로 국가 예산을 낭비하는 처사라 생각합니다.〉

애초 8월 1일을 출국일자로 정하고 모든 일을 추진하여 왔으나 교육청의 석연치 않은 조처에 이렇게 편지를 올리게 되었습니다. 하루라도 빨리 들어와서 같이 연구하자는 독일 교수님의 전화를 몇 번이나 받았는데 국가간의 신용문제를 떠나 저의 능력개발은 곧 우리나라의 교육 발전에도 큰

도움이 될 것이라 생각합니다. 또한 저 개인적으로는 9월 1일부터 5일간 체코의 프라하에서 실시하는 국제학술회의의 논문 발표자로 선정되었습니다. 8월의 출국이 다소 늦어졌더라도 9월의 국제학술회의는 참가하고 싶습니다. 8월부터의 파견은 무산되었으나 9월부터의 6개월 파견이 이루어졌으면 합니다. 법적으로 정 안된다면 그 법을 따를 수밖에 없지만 법적으로 문제없이 파견이 되리라 생각하기 때문에 이와 같은 편지를 드리게 되었으니 부디 선처하셔서 저에게 많은 도움이 되었으면 합니다.

빠른 시일 내에 파견 가능, 불가능의 회신이 저에게 도달되기를 바랍니다. 파견이 가능하다면 교육부 차원의 파견 지시를 내리신다면 저 문제로 많은 골머리를 썩이신 부산광역시 교육청의 담당 장학사에게도 속 시원한 해결점이 되리라 생각합니다. 교육부 차원의 파견 조치를 할 수 없을 경우에는 교육부의 파견 가능 서한을 가지고 부산광역시 교육청을 다시 한 번 방문할 계획이니 회신이 가능한 8월 22일 이전에 될 수 있도록 조처바랍니다.

법리 해석을 하시는데 도움이 될까 싶어 독일과학자의 초청장, 한국과학재단의 한·독특별협력사업 및 체류경비지원 서신, 부산광역시 교육청의 파견불가 연락, 체코 국제학술회의의 논문수록 사본, 그리고 관련 법규 등의 복사본을 함께 보냅니다.

1997년 8월 11일

부산 동현중학교 교사 성 종 규 올림

(1997년 8월 11일)

잉글리쉬맨

스코틀랜드의 한 작은 마을 뒤에는 마을 사람들이 신앙처럼 소중히 여기는 산이 있었다. 잉글랜드의 측량기사 둘이 이 마을에 온 것은 조용하기만 했던 마을을 들뜨게 한다. 마을 사람들에서 '산'인 것이 잉글랜드 사람에겐 '언덕'이었고, 언덕은 지도에 나타날 수 없다. 남녀노소 산을 향한 집념으로 짊어지고 나른 흙, 측량을 지연시키기 위한 계략, 빗물에 다시 쓸려 내려가는 안타까움 등의 우여곡절은 결국 '잉글리쉬맨'에서 '언덕'을 '산'으로 바꾼다.

마을 사람들의 이름은 옛날부터 같은 이름이 많았다. 이름 앞에 특징, 직업을 붙여 부르던 것이 이 마을의 관습이었고, 잉글랜드의 측량기사 중 한 명은 산이 만들어지는 과정 중에 마을 처녀와 결혼해 정착한다. 언덕을 산으로 측량한 후 마을에서 결혼하였기에 그의 이름을 '산에서 내려와 결혼한 잉글리쉬맨'이라 하였다. 이것이 영화 '잉글리쉬맨'의 제목이 되었다.

1975년 체코 북부의 MOST에서는 비탈길을 따라 동네 한 복판으로, 높이, 길이가 60, 폭이 30m인 교회를 841.1m 옮긴다. 여러 가지 궁리 끝에 석탄을 캐어내듯이 지하에 레일을 설치하고 1분에 2cm를 이동하는 미련스럽게 느린 속도로 이동시킨다. 무려 1km를 이동한 이 교회의 이름은 〈The Church of the Assumption of Our Lady〉이다.

(1997년 9월 9일)

독일에서 과학부 선생님들께

〈과학부 선생님 편〉 강강김명미민박박설숙애애여영우운인조철철태행희희 선생님 줄여서 과학부 선생님께,

윗 줄의 글자들은 누굴 먼저 쓰나 고민하다 컴퓨터에 글자를 다 입력한 후 '소트'한 것입니다. 자기 이름에 해당하는 글자에 '동그라미' 치세요. 그리고 자기한테 온 편지로 생각하고 읽으시면 됩니다. 저 대신 오신 임시교사 선생님 성함을 잊어버렸는데……. 혹시 기회가 된다면 사과드리도록 하고, 이 편지 읽어보시겠다면 '찡가 주셔도' 됩니다. 〈주임선생님만 빼고 읽으셔요. 왜냐하면요! 농담이 많아서……. 주임선생님 편을 따로 마련해 두었으니 그것만 읽으시면 됩니다.〉 학교는 잘 돌아가는지요. 조회대를 중심점으로 180도만 돌리면 제자리로 갈 것 같았는데. 머리 돌릴 일은 또한 없으신지요. 관심이 있는 곳이라면 '일 도'라도 돌게 되어 있습니다. 저 없이도 일들 잘 하고 계실 줄로 믿고 있습니다. 원래 이가 없으면 잇몸이 하고, 그렇다고 저가 이의 역할을 한 것도 아니었고. 과학부 요원들 빼고는 학생들에게는 저가 훌쩍 떠나버린 사실을 아무도 몰랐을 것인데 별 혼란들은 분명 없었겠지요.

〈강영희 선생님 편〉 강영희 선생님, 자리 위에 디스켓 한 장(나머지 두 장은 별 쓸 데 없는 것 같아 한 장이라 했음)을 두었습니다. 아래 아 한글로 작성된 것인데, 교무실 중간 서편에 남아 있는 컴퓨터에 HNC31 안에 SCIENCE 안에 들어 가시면 거기 다 있는 겁니다. (컴퓨터 안에 들어 가는 방법은 먼저 컴퓨터 문을 연다……) 디스켓에서 불러서 하시던지(영희야 나와라 하면 됩니다. 경험상) 거기 들어 가서 하시든지 하시면 됩니다. 옛날 문서철은 철해 두고 왔는데 서무실에 문서 모아두는 파일 하나 얻으셔서 문서 모으시고, 문서 묶음은 내년에 저가 할 터이니 신경 안 쓰셔도 됩니다. 목차표는 찾기 쉽게 하기 위한 것이니 자기만의 형식을 만들어 하시면 됩니다. 전에 계시던 과학주임 선생님(김효겸 선생님, 독일 간다고 떠나기 전 나흘 전에 저에게 전화하셨더군요. 그러고선 같이 점심하자면서 기다리라고 하시더군요. 모라중학교에서 달랑달려 (차) 오셔선 저에게 '개탕'사 주시더라구요)과 저는 검은색은 온 공문, 빨간색은 간 공문(맞이), 파란색은 내부결재 공문으로 분류해 썼죠. 일이란 항상 반복되는 것이기 때문에 혹 옛날에 해 둔 일이 없는가 뒤적여 보면 참고가

많이 되리라 싶어요. 이런 말을 할 지금 이 시점에서는 벌써 모든 문제를 해결하셨겠지요만은……. 민철이, 민석이는 엄마 없이도 잘 놀구요? 철석같이 믿고 있습니다.

〈김인애 선생님 편〉 김인애 선생님, '일정'한 기간이 지나면 받는 연수를 받으셨으니 '일정' 교사이겠군요. 이젠 저가 '마지막 이정'입니다. 저는 매년 '일정' 연수를 받으시는 분을 찾아 뵙는 '일정'한 '일정'을 가졌었으나, 이번 여름에는 그러지 못하였습니다. 저에게도 죄송하고 특히 김인애 선생님에게 죄송합니다. 내년 여름에 혹시 '일정' 연수를 가신다면 그 때는 꼭 찾아 뵈올 것을 약속드리죠. 저의 '일정'표에 꼭 메모해 두겠습니다. 책 두 권, 영어로 된 것 옆 자리에 놔 두었습니다. 혹 공부하시는데 도움이 되리라 싶은 느낌이 드시거들랑 얼마든지 보시고. 옆에 앉으신 임시 교사 선생님께는 저가 책도 연결시키지 못해서 정말 죄송하게 생각하거든요. 황산에 태워먹었다는 이야기는 전했습니다. 그리고 책은 영광도서에 가면 구할 수 있고, 잘하면 학교 쓰레기장에서 학생들이 버린 책을 구할 수도 있고(앗! 이 이야기는 안한 이야긴데), 뭐하면 옆에 계신 과학부 선생님들에게 도움을 청하라 했어요. 옆에 앉으신 선생님이, 음, 역시 선생님이시네요. 도움을 주시기를 부탁드려요. 강명숙 선생님 자리에 3학년 학습지도서가 있던데, 책이 안 구해지면 고거 살짝 들고 갔다 놔 두는 것을 협조를 해도 될 듯하긴 하던데……. 옆에 있는 캐비닛은 여전히 그 자리인지 궁금합니다. 연수 시간이면 요긴하게 사용하던 것이었는데요.(아시는 분은 암……. 내 머리와의 마찰에 의해 많이 닳아 있을거예요. 잘 보세요.) 주임선생님의 참고 삼아 하시는 말씀은 항상 귀 담아 들으시기 바랍니다. 영인이는 엄마 없을 때 잘 놀지요?

〈설행우 선생님 편〉 박우홍 선생님에게 CD 맡겨 놓으면서 돈은 후재 받을낑께 잘 기억하고 있으라 했거등요! 박우홍 선생님은 회심의 미소를 짓더군요. 난 꼭 기억할랍니다. (2만원; 설행우 선생님 분, 물가 상승요인은 고려치 않겠음, 만일 떼어먹는다면 행우가 나쁜 분이죠) 아! 참, 교육용 소프트웨어 공모전 끝났겠군요. 좋은 성과 있으셨으면 좋겠는데. 내가 지금 기 채우고 있는 거는 아인지……. 안 보이는 앞이라고 아무 소리 막 해서 죄송스럽지만, 암튼 6개월 후면 이 정도야 잊어 먹을 거라고 생각합니다. 선생님께서 하도 처리하시는 일이 많긴 하지만 과학부 일을 가장 잘 알고 계신 분이니 강영희 선생님

(잘 하시지만) 도와주면……. 과학부 모임은 하셨나요. 시작할 곡목은 '해후' 인데.

〈강명숙 선생님 편〉 마지막 몇 일을 짐 정리하랴 (사실 짐 정리가 대부분이어서 이렇게 적었음) 바쁜 관계로 난초 (덴드로비움이라 불림)에 물도 못 주었습니다. 결과는 처첨하리라 여겨지는데 어떠하온지요. 여차하면 다음에 좋은 것 하나 분양해 드릴테니 죽여도 무방하리라 사료되옵니다. 두원이, 가원이, 시원이도 엄마, 아빠 직장 출근하고 안계실 때도 잘 놀겠지요?

〈박희철 선생님 편〉 이젠 바야흐로 컴퓨터의 전성기 아닌가요? 내가 떠나올 때 1학년 반 개 교실(정확한 표현이 아님, 6개 학급)에 컴퓨터 1대씩과 프로젝션 TV가 들어왔었고, 교사 1인당 1대의 컴퓨터를 실현하기 위하여 학교당 12대인가 내려오는 컴퓨터가 우리 학교는 왕창 36대 씩이나 내려온다는 믿을 수 없는 소식통이 접수되었는데 과연 그게 믿을 수 없는 것이었는지 궁금합니다. 아쉽습니다. 그게 진정 사실이었다면, 오락전용기 하나……. 으흑흑. 박희철 선생님 마마의 고충이 엄청 무거워졌는데, 도움 드리지도 못할 인간이 일은 왕창 떠 맡겨 버린 꼴이 되어 나중에 두들겨 맞을 까 봐 다시 돌아가기 무섭습니다. 만일 다섯 대 때릴 일 있으면 4대 반으로 경감이 안 되시올런지요.(괜히 이 말 해서 안 맞을 것 맞게 될지 모르겠네) 소희하고, 중규〈-이거 맞아요? 둘 다 낮동안 아빠 직장 출근하셔도 엄마와 혹은 또래 친구들과 잘 놀아요?

〈여운철 선생님 편〉 여전히 채식을 지향하고 육식을 지양하시는지? DBS (동현 브로드캐스팅 시스템) 사업은 잘 운영되는 지 궁금합니다. 방학 중 시청각 연수는 잘 다녀 오셨구요? 다 알고 계신 것이었더라도 배운 보람은 있으리라 생각합니다. 과학부 선생님 중 내년에 여운철 선생님만 옮기시는 군요. 저가 돌아갔을 때 쯤이면 안 계실 거라 생각했더라면 미리 인사라도 잘 하고 올 걸 하는 생각이 듭니다. (혹시 나에게 줄 거 없수?) 어쨌든 좋은 학교 취사 선택(밥 먹는 것을 고르라는 말로 해석하면 안 됨)해서 가시고, 미운 '반' 애들도 있겠지만 널리 포용하시어 마지막 연도를 좋은 추억으로 남도록 하시는게 좋을 것 같은 '생각이 뇌리를 스치고 지나가면서 후두부를 강타하면서 대퇴부를 저리게 만듭니다.' (이 말 6반 애들에게 아느냐 물어 보시면 아마 안다고 할 걸요. 누구말인지) 따님은 엄마, 아빠 안계실 때도 잘

노시지요? 아! 하나 잊어 먹었다. 후계자 구도는 어떻게, 구상중이신지요?

〈조미애 선생님 편〉 방학 중 대진전자정보고등학교에서 하는 컴퓨터 연수하셨죠? 안 그래도 잘하는 것에 주마가편 격인가요? 라면 2상자를 이까정 들고 오느라고 진탕 고생했습니다. 8월 29일 출발해서 오늘까지 유럽식 식사를 정말 원 없이 했죠. 살벌하게 칼과 쇠스랑으로 하는 식사 말입니다. 집을 잡으면 당장 라면을 맛있게 해 먹고 말리라는 생각이 무거운 짐을 다소나마 가볍게 해 주었습니다. 그러나 프라이부르그에 도착하여 구해진 집이 한국 아줌마의 집이어서 밥을 가끔씩 해 두시고 먹으라는 바람에 라면이 썩고 있습니다. '라면은 계란을 꼭 넣어 먹어야 하는데' (금정여중 근무할 때 교감선생님께서 저에게 하사한 명언임) 계란 하나에 120원에서부터 180원까지나 하더라고요. 어떻게, 한국의 물가 사정은 이와 같은 계란 값을 용납하는지요. 어쨌든 나중에 라면살 붙은 몸으로 다시 만납시다.

〈주임 선생님 편〉 주임 선생님! 저 때문에 염려, 배려도 많이 해 주셔서 정말 고맙게 생각합니다. 정리된 것 아무것도 없이 일만 잔뜩 벌려 놓고, 짐만 가득 어질러 놓고 와서 정말 죄송합니다. 하지만 능력 있는 과학부 선생님들이니 모든 일 순조롭게 잘 이루어지리라 믿습니다. 아직 말도 제대로 통하지 않고, 생활 습관 하나하나가 정말 다른 곳입니다. 그러나 척박한 땅에 이루어 놓은 문화 때문인지 모든 부분에 합리성이 도사리고 있는 곳입니다. 저에게 많은 깨달음을 줍니다. 비록 고되겠지만 이곳에서의 경험이 가치 있을 것이라 생각합니다. 많은 배움을 얻고 명년 3월에나 뵈어야 할 것 같습니다. 여유 나는 대로 이렇게 지면으로나마 뵈어야 할 것 같습니다. 항상 건강 유념하시고, 언제나 지금 가지고 계신 그 웃음을 잃지 않으시기를 바랍니다.

1997년 9월 12일 독일 프라이부르그에서 성종규 올림(보관하실 분은 1부씩 복사하시기 바랍니다. 여행문은 다음 기회에 보내드리겠습니다. 기대하세요. 편지를 보내실 분은 봉투의 주소를 이용하세요. 겨울 방학 중 여행하실 분을 위해서 다음 기회에 전화번호를 알려드리겠습니다. 저 방이 넓으니 여성분에 한해서 하루에 한 명에게 기회를 드리겠습니다……………)

(1997년 9월 12일)

토끼와 당근

한국 달력에는 연휴로 표시되어 있을 것이 독일 달력에는 그렇지 않다. 추석이다. 썸머타임을 적용하지 않을 때는 7시간이 늦게 가는 곳인데도 보름달은 저녁 그 시간에 뜬다. 달도 함께 7시간을 늑장 부린다. 달 속의 토끼는 절기에 따라 그대로인데 휴일은 아니다. 선거권조차 없는 인격은 명절마저 잊어버린다.

토끼가 가까운 약국을 찾아갔다.

"아저씨, 당근 있어요?"

엉뚱한 질문에 약사 아저씨는 무뚝뚝하게 대답한다. 다음 날 토끼가 약국에 왔다.

"아저씨, 당근 있어요?"

"어제 없다고 했잖아."

그 다음 날 토끼가 또 약국에 왔다.

"아저씨, 당근 있어요?"

"없다고 했잖아. 너 다시 한 번만 더 그러면 가위로 귀를 잘라 버린다."

또 그 다음날 토끼가 그 약국에 다시 왔다.

"아저씨, 가위 있어요?"

"가위 없다."

"그러면 당근 있어요?"

같은 방법(표정)으로 행동하여도 저마다 다른 목적을 위하여 산다.

(1997년 9월 16일)

인간이 자원

일가족이 63빌딩에서 떨어졌는데 아무도 다치거나 죽은 사람이 없었다. 아버지는 제비족이었고, 어머니는 날라리, 아들은 비행 청소년, 어린 딸아이는 '아직 덜 떨어진 아이'였다는 우스갯소리가 있었다.

그렇게 떨어지더라도 아무렇지 않았으면 좋겠다. 또 한 꽃다운 청춘이 전교 1등의 꿈을 끝내 맺지 못하고 떨어졌다는 소식을 보았다. 그들의 꿈의 잣대는 정녕, 외고 외야 할 단 몇 가지 지식뿐이란 말인가?

유럽은, 특히 독일은 인간이 곧 자원이라는 생각이 깊다. 자녀의 양육비가 만 27세까지 지급된다. 첫 아이는 220DM(×500원)이고, 아이가 넷인 가정의 마지막 아이는 350DM에 이른다. 또 학비는 대학까지, 모두 공짜다. 아이의 잠재력을 무려 성인이 될 때까지 사겠다는 것이다. 김나지움의 아비투어를 거쳐 대학의 디플롬을 향하는 인원은 아주 소수이다. 일찍부터 직업 전문학교를 선택하게 하며, 직업이 그 무엇이든 차별치 않고 필요로 하는 사람이라 여기며, 전문가(마이스터)는 누구나 존경받는 사회이다.

직업인다운 이가 만들어지기 어려운 토양에, 중학교까지의 의무 교육조차 정치 놀음에 이용하려는 우리의 현실에 비추면 정말 까마득한 일이다. 또 한 차례 교육정책의 공약이 난무할게다.

(1997년 9월 26일)

독일에 와 보니 속상한 문제가 적지 않습니다. 나보다 적은 세월을 산 사람들이 나보다 더 독일어를 잘 합니다. 이제 겨우 걸을 줄 안다 싶은 녀석들조차 독일말을 지껄이고 있습니다. 때론 나에게 말을 걸어 오는 녀석이 있을까 봐 집 밖 출입을 될 수 있으면 안할려고도 했었죠. 방안에 있을 때는 한국의 어느 셋방 구석에 있는 것과 꼭 같은 느낌이 들다가도, 집 밖을 나서서 길에만 서면, '아, 이곳이 독일이지' 하게 됩니다.

다르게 보기

벌써 작년의 일이구나. 동래교육청 창의력신장 시범수업을 했었다. 4명 이하로 조를 편성하고, 각 조는 한 가지씩 탐구 과제를 스스로 정해 해결해야 했다. 활동계획서, 기초자료조사, 계획실행, 탐구보고서까지 55개 조에서 모두 이루어졌기에 이를 이용해 조출한 교내과학전도 가졌다. 이런 과정을 시범으로 보였다. 수업은 그 중 한 조가 그들이 탐구한 내용을 발표하고 그에 대한 토론을 하는 시간으로 진행되었다.

수업이 마친 후 참관하신 선생님들과 간단한 연찬회를 가졌다. 교장선생님께서도 관심이 많았던지 참석할 수 없냐고 하셨다. 선생님들께서는 많은 질문들을 하셨다. 특히 수업방법의 애로에 대한 것이 많았다. 운용 방법, 과정 등을 준비한 자료를 이용하여 자세히 설명해 드렸다. 관심도 많은 것 같았고, 적용을 해 보고 싶어 하는 선생님들도 계신 것 같았다.

문제는 거의 막판에 불거졌다. 아니, 그 것이 자리를 마치게 만들었는지도 모른다. 학생들의 성적은 어떠냐는 질문이었다. 결론은 '아무런 차이가 없습니다.(실제 다른 반에 비해 조금 높았다.)'였지만 그 말을 검증자료 하나 준비 없이 자신 있게 이야기하기 어려운 터라 조금 머뭇거리는 사이, 옆에 앉으신 주임 선생님께서, "성적 문제가 조금 있겠다."라고 말씀을 하셨다. 다른 반에 비해 떨어진다는 거다. 그 말은 잠자코 계시던 교장선생님의 귀를 번쩍 뜨이게 하였다. 교장선생님께서는 학부모와 학교의 관계를 역설한 이후에 '이런 방식의 수업은 일 년에 한두 번 하고, 평소는 전통적인 수업 방식을 하는 것이 어떠냐.'는 권고다. 결국은 성적이 문제다.

지금까지의 토론과는 전혀 엉뚱한 방향으로 이야기가 바뀌자 참석 선생님들께서 어이가 없는지, 저마다 수업의 장점을 들먹이며 한 마디씩 다른 이야기로 방향을 돌리기 위해 거들기 시작했다. 자리는 서둘러 끝났다.

다음 날도 되기 전에 이야기는 급진전되어 있었다. 과학실 정리를 끝내고 교무실에 들어서기 무섭게 하청미 선생님이 나에게 오며

"성 샘, 교장 샘한테 뜯겼다메?"

나의 답변이 길 이유가 없다.

“아뇨, 교장선생님과 저는 교육적 입장이 꼭 같았어요. 교장선생님께서는 너무 가까운 미래를 위하고, 저는 너무 먼 미래를 위한다는 것이 차이라면 차입니다. 교장선생님께서는 너무 멀리를 못 보고, 저는 너무 가까이를 못 보았던 겁니다.”

교사가 당연히 해야 할 수업을 한 시간 평소대로 한 것 뿐이고, 또한 교장선생님의 견해에 따르면 비교육적인 수업인고로, 동래교육청에서 준다는 표창장을 거부했다. 장학사가 몇 번이고 왜 그러냐며 이유를 알고 싶다고 했던 것이 또한 아이러니였다.

어느 초등학교 선생님께서 시험 성적이 너무 나쁜 자기 반 아이들에게 50점 밑으로는 복도로 나가라고 하자, 한 아이의 질문이 있었다. “선생님, 50점은요?” 그러자 선생님께서, “너는 저 문틈에 끼어 있어!”

성적으로만 모든 것을 평가하지 맙시다.

(1997년 10월 1일)

독일에서 레코드방 '뮤토피아' 멤버들에게

여름의 막바지는 무척 더웠다던데 요즘은 많이 쌀쌀하겠지요. 떠나는 날 인사도 못 드리고 와 죄송합니다. 경황없이 서두는 바람에 박경태씨 오디오도 못 챙겼습니다. 다들 잘 지내고 계시겠지요? 벌써 한 달이 지났는데도 무슨 말들을 하는 지(물론 독일말이겠지요), 잘 알아듣지도 못하겠고, 그렇다고 재들더러 '야! 한국말 해.'할 수도 없고, 내가 여기 왜 왔지 하는 생각을 수없이 했습니다. 남들은 '괴테'에 다녀 두 달만 다니면 언어가 통한다 하지만 2000막(×500원)이 어느 집 개 이름도 아니고. 남은 다섯 달 어떻게 견딜 수 있겠지요.

다행인 것이, 말이 통해도 6개월 이상을 힘써야 입학허가서가 나온다던데, 저는 하루 만에 그걸 얻은 점입니다. 연구소 마스터키도 벌써 얻어서 연구소 안에는 못 다니는 데가 없습니다. 연구소 도서관에서 찾을 수 있는 자료는 부산대학교 연구도서관의 거의 100배는 더 되는 것 같습니다. 하지만 한국 아줌마 집에 세 들어 사는 바람에 해야 할 연구보다는 밥 해먹기가 전공이 되어 갑니다. 시장 보기부터 집안 청소하기까지 살림살이의 원, 투, 쓰리를 섭렵하고 있습니다. 벌써 만두피 만들기, 김치 만들기, 잡채 만들기를 실습했습니다.

유럽식 식사가 입에 맞겠나 했더니만 매일 한국식입니다. 마침 오늘은 쌀이 떨어져서 빵을 사서 버터를 발라, 계란 후라이 하나, 살라미 하나 넣고, 2개를 먹었습니다. 별로 안 좋아하던 버터였지만, 이제 입이 시차 적응을 했나봅니다. 어제는 연구소로 가는 도중 레코드방이 있어 들러봤습니다. 몇 사람, 알면 입에 거품 물 일 있을까 봐 이야기 하지 않겠지만, 잘 찾으면 가격이 엄청 싸다는 것입니다. (이승렬씨 좋아하는 레이블들도) 클라식은 연주에 따라 40막에서부터 심지어는 5막까지 변동이 심합니다. 재즈는 16막 정도하니까 한국보다 절반입니다. 팝도 역시 그 정도인데 찾으려고 하는 것은 앨범별로 다 있습니다. 다이아나 왕비 사망 이후에 엘튼 존의 '캔들 인 더 윈드'가 인기 있다기에 원 앨범인 '굿바이 옐로 브릭 로드'가 있나했더니 17막이더군요. 빌리지 피플이 9막 하기에 함께 샀죠. 이거 이야기가 어디로 흘러가나… 연락 다음에 드리기로 하고, 종이 여백이 모자라서 이만 줄입니다. 혹 꼭 구해야 하는 건데, 한국에 없다면 찾아볼 터이니 연락 주십시요.프라이부르그에서 1997년 10월 5일 성종규 씀.

앞에 사진은 저가 묵고 있는 집에서 한 블록 떨어진 골목 풍경입니다. 모두에게 안부 전해 주시구요.

(1997년 10월 5일)

나라가 커야

자동차 협회도 그렇지만 정부의 안일한 대응은 또한, 일본 자동차부품에 관한 미국의 100% 관세적용과 같은 경우가 한국에서도 발생할 가능성을 높여 놓았다. 자동차대국을 만들겠다는 공언이 미국의 자존심을 건드렸다는 일각의 자조적인 반성도 있지만, 미국의 강대국 논리는 예전부터 적잖이 실망스럽던 차였다. 하지만 미국 자동차협회의 끊임없는 준비와 공격을 볼 때 앞으로의 전쟁터가 예사롭지 않다. 창구는 이원화, 삼원화되어 있고, 통상 전문가는 절대 부족하며, '국제화가 안 되면 국내화라도'라는 재벌 기업의 제 살 깍아 먹기 논리가 바뀌지 않기 때문에 또 다시 억울함을 어떻게 호소하지도 못할 상태가 올 것 같은 예감이 든다. 내 주변의 일이 아니라면 잊어먹기 잘하는 국민이기에, 더욱, 세월이 적당히 흘러 준다면……. 나라가 망해가는 자리에서 있으면서도 떳떳이 자애로운 민족성을 발휘하고 있을 것인가?

어느 날, 미국과 일본, 그리고 한국의 국가수반이 한 자리에서 만났었다. 서로가 처음 만난 자리인지라 인사를 나누었다. 먼저 미국대통령은 "내, 이건이요.", 일본수상은 "나, 까소넵니다."라고 자기소개를 했다. 그러자 한국대통령이 "전, 두환입니다." 했다는 건데, 10년이 넘은 지금도 그렇게 스스로 굽실거림으로만 처신해야 할 것인가?

(1997년 10월 16일)

독일로 유학을 오려는 사람에게 보낸 편지-1

( )미향 씨께

독일어 공부는 잘 되고 있는지요? 독일에 오기 전에 안일하게 생각했던 것이 현실로 부닥치니 후회가 많이 됩니다. 살아가는데 무슨 어려움이 있겠냐? 부닥치면 다 하겠지 하고 생각하였지만 실제 상황은 그렇지 않습니다. 8월 말에 한국을 떠나서, 이 곳에서 약 두 달을 생활하는 사이 어려움이 많았습니다. 혹시 독일에서 공부하실 때 도움이 될까 봐 두서없이 몇 자 적어 보냅니다. 참, 그리고 효진이는 잘 있는지도 궁금합니다.

다음 해 2월 말까지 제가 머물 집은 한국 아주머니께서 계신 집입니다. 마침 프라이부르그 시내 한 복판이어서 생활하기가 무척 편합니다. 연구소도 가깝구요. 지난 8월은 무척 갑갑했습니다. 6개월간 생활할 집을 구하는 것은 혼자 엄두도 못 낼 일이었습니다. 신문 광고를 보고 집을 구한다하지만, 독일인과의 전화가 서로의 의사를 잘 전달시킬까 하는 것도 의문입니다. 괴테에서 어학코스를 하고, 2만 단어 정도를 외웠어도 약 석 달은 잘 들리지 않는다고 합니다.

마침 저는 한국에서부터 프라이부르그에 거주중인 동포의 전화번호를 알게 되었습니다. 8월 초에 전화를 해서 마구 매달렸습니다. 말이 서툴기 때문에 독자적으로 집을 구할 자신이 없다. 혹시 거기서 집을 좀 구해 주면 어떻겠느냐? 마침, 도와주신다는 답변에 안심하고 독일에 무작정 왔습니다. 마침 구해 둔 집이 지금 제가 머무르고 있는 한국 아줌마 집입니다. 한국인의 생활 습관은 독일인과 많이 차이 납니다. 예를 든다면 냉장고에 김치를 넣고 먹기가 독일인의 집에서 혹은 연립주택에서는 쉽지 않을 문제라 생각합니다. 이런 것 외에도 많은 문제에 있어 비슷한 정서의 사람끼리라서 유리한 점이 많습니다.

독일은 통일 이후 통일 비용 문제 때문에 물가가 많이 올랐습니다. 특히 이국인에게 달갑지 않은 경제 사정입니다. 집값도 많이 올랐고, 생활비가 생각하는 것보다 더 들리라 봅니다. 반면에, 학업을 위해 오는 사람들에게는 무척 좋은 곳이라 생각합니다. 음악적인 발전을 위해서나 학비 문제에 있어서나 한국보다 훨씬 많은 장점을 가지고 있습니다. 저희 아주머니에게 한국에 이곳에서 공부하고 싶어 하는 학생이 있다 하였더니, 이왕에 올 것 같으면 하루라도 빨리 오는 것이 좋을 것이라고 합니다.

이곳에 오는 문제를 어떻게 준비하고 계신지는 모르지만 그 준비는 조금이라도 서두르는 것이 좋겠습니다. 독일 교수의 초청장이 있어야만 한국에서 비자가 납니다. 유럽은 비자를 받지 못하더라도 3개월간의 무비자 여행을 할 수 있습니다. 하지만 무비자를 가지고는 어디에서고 입학허가서를 받을 수 없습니다. 입학허가서를 가지고도 초청 교수의 시험에 통과되지 않으면 대학에 등록을 할 수 없습니다. 한국에서의 대학 졸업을 여기서 2년을 인정해 주는 줄로 알고 있습니다. 독일 교수의 초청장을 받기 위하여 독일 교수에게 필요한 서류를 접수시켜야 합니다. 그것을 검토한 다음 한국으로 초청장 및 입학허가서를 보내게 되는데 서류 접수가 12월 1일까지, 만일 이 기간을 넘기면 1년을 기다려야 한다고 합니다.

접수를 위해 필요한 서류들은 대체적으로 다음과 같습니다. 이력서, 대학성적증명서, 대학졸업증명서, 졸업이 안 되었으면 졸업예정증명서도 됩니다. 이 모든 것은 독일어로 번역되어 공증된 서류여야 합니다. 독일어 공증 사무소는 독일 영사관에 물어서 알아보시면 될 겁니다. 영문 공증 사무소는 법원 앞에 많이 있습니다. 하지만 독일어 공증 사무소는 모르겠습니다. 이렇게 서류가 다 준비되면 독일의 교수님 앞으로 테스트를 받고 싶으니 초청장 또는 입학허가서를 보내달라는 편지와 함께 동봉하여 보내야 할 것입니다. 이렇게 하여 회신이 오면 그것을 이용하여 비자 발급을 받으면 됩니다.

독일 교수의 초청장을 받았다고 안심하기에는 이릅니다. 시험을 해 본 결과 만일 불합격이라면 다른 곳을 갑자기 알아볼 길이 막연합니다. 그렇기 때문에 여러 군데의 대학을 미리 알아 두는 것이 좋습니다. 이런 모든 것을 여기서 혼자 다 처리하려면 언어, 관습이나 절차 등 모든 것에 서툰 사람에게 무척 많은 시간이 소요되리라 봅니다. 시간뿐만이 아니라 많은 비용이 듭니다. 비행기로 이곳까지 한 번 이상은 왕복을 해야 할 것이며, 그 동안의 생활비까지 감안한다면 보통 일이 아닙니다.

졸업을 하시는 대로 독일에 오시려고 한다고 들었습니다. 빨리 일이 처리되지 않는다면 이곳에서 1년 이상의 허송세월을 보내야 할 것입니다. 물론 그 동안 언어 문제를 해결하면 되지 않겠느냐는 생각도 할 수 있겠지만, 이왕이면 대학 유학 준비와 언어 공부를 병행하는 것이 더 좋을 듯합니다. 마침 저희 아주머니께서 사정을 들으셨습니다. 저희 아주머니께서는 음악을 하시는 독일 교수님들과의 교분도 있고 하기 때문에 도움이 될 수 있을 것입니다.

거기서 각종 서류들을 보내온다면, 저희 아주머니께서 여러 군데 초청장을 얻는 문제 등은 해결해 주실 수 있다고 하십니다. 지금 부산에서 모든 문제가 준비되어 있다면 모르겠지만 지금부터 준비를 하셔야 한다면 이곳으로 부탁하는 것이 아마 가장 빠르고 확실한 방법일 것 같습니다. 시간과 경비는 엄청나게 절감될 것입니다. 만일 도움이 필요하시다면 이 편지를 받는 대로 연락을 주시기 바랍니다. 말미에 제가 기거하고 있는 곳의 주소와 전화번호를 적어 두었습니다. 전화는 팩스와 겸용이기 때문에 급한 연락은 팩스를 주로 이용하기 바랍니다.

참고로 저희 아주머니께서 대학의 초청장을 얻으시려고 여러 군데를 다니시려면 교통비 등 제반 비용 문제가 발생합니다. 그에 따른 비용은 약 1000막(50만원) 정도가 되리라 합니다. 독일의 관습에 따르면 자기 일이 아닌 문제로 경비 지출이 따른다면 그 일이 필요한 사람이 부담하게 되어 있습니다. 그것은 사실 한국에서도 상식적인 것입니다. 만일 이 곳에서 일을 처리해 주시기를 바라신다면 일단 팩스로 의사를 표현해 주시기 바랍니다. 연락처와 팩스를 받을 수 있는 번호가 명기되었으면 합니다.

연락이 없으시면 스스로 준비하고 계신 것으로 알겠습니다. 그렇더라도 혹 유학 준비하는 데 알고 싶은 사항이 있다면 언제든지 연락 주십시오. 잘 알지는 못하지만 성심껏 도와드리겠습니다. 마침 제가 방을 얻는데 도움을 주신 분이 이곳과 이탈리아에서 음악을 전공하신 분이어서 그 분에게 여쭈어 볼 수도 있습니다.

효진이를 만날 수 있거든, 의사를 물어 봐 주십시오. 어차피 유학을 꿈꾼다면 하루라도 빨리 이곳에 오는 것이 좋다고 합니다. 저도 그렇게 생각합니다. 이번 학기 등록을 하는데 160막(8만원) 들었습니다. 여태까지는 그것도 없었다던데 그나마 통일 후 그렇게 된 모양이라고 합니다.

그럼, 남은 공부 열심히 하시고, 건강하게 지내시기 바랍니다. 연락 기다리겠습니다. 1997년 10월 19일 프라이부르그에서 성종규 보냄

(1997년 10월 19일)

프라이부르그 시내를 흐르는 물길 베휠레

한 가지 답을 요구하지 않는가?

아메리칸 드림에 젖은 청년이 미국행 밀항선을 탔다. 운이 좋았다. 부두 하역부로 일을 하게 되었다. 언어 소통이 문제여서 매일 햄버거만 먹었다. 햄버거에 진력이 난 하루는 유심히 다른 사람이 시키는 걸 들어두었다. 다음 날 자신 있게 그 어려운 음식이름을 웨이터에게 말했다. 그런데 웨이터는 시키지도 않을 걸 들먹인다. 고기를 완전히 익힐 것인지, 반쯤 익힐 것인지를 묻는 건데, 알 턱이 없다. 청년은 인상을 쓰면서 음식 이름을 한 번 더 자신 있게 이야기했다. 그러자 웨이터는 다시 한 번 아까 그 말을 한다. 청년은 더욱 인상을 고약하게 쓰며, 쥐어짜는 목소리로 음식이름을 대었다. 웨이터는 청년보다 더욱 무서운 인상에 더욱 험악한 목소리로 아까와 같은 말을 하였다. 청년은 기어들어가는 목소리로, “햄버거”했다.

“영수증 한 장 주세요.(게벤 지 미어 아이네 크비퉁)”라는 말을 익혀 두었다. 복사집은 매일 들르는 집이라서, 주인은 그게 내가 매일 쓰는 말인 줄 이제는 알았으리라. 좀 더 산뜻하고 다르게 바꾸어 말할 수 없을까? 아무리 머리를 쥐어 짜 보았자 다른 것은 신통찮다. 할 수 없이 독일인이면 너나없이 자주 쓰는 ‘비테’를 그 말의 앞에 넣었다, 뒤에 넣었다가 하는 수밖에 없다.

오늘 난 ‘잘 안 보여요.’라는 말 대신 ‘저는 안경이 필요해요.’라는 말이 비슷한 표현임을 발견했다. 내일은 그 집에서 “저는 영수증이 필요해요.(이히 블라우헤 아이네 크비퉁)”라고 할 수 있게 되었다.

우리는 그들에게 한 가지 답을 요구하고 있지 않는가?

(1997년 10월 22일)

잔치는 끝났는가?

능수능란한 말솜씨를 자랑하던 한 부동산업자가 염라대왕 앞에 서게 된다. 일방적으로 정해 주는 거주지에서 살 수 없다. 선택은 소비자가 해야 한다는 논리로 염라대왕을 설득한 끝에 천당과 지옥을 먼저 구경한 후 선택할 수 있는 특혜를 받게 된다. 먼저 지옥을 구경하였다. 그러나 말로만 듣던 것과는 전혀 딴판의 지옥을 보게 된다. 호화로운 생활에 아리따운 아가씨까지…….

천당 구경도 하지 않고 지옥을 선택한다. 그러나 진짜 지옥의 생활은 구경한 것과는 또 딴판이다. 그는 저승사자에게 어찌 된 거냐고 물었다. 저승사자는 답했다.

"전에 본 건 모델하우스야!"

우리 곁에는 모델하우스가 너무 많다. 화려한 건 껍데기뿐임을 모르고 너무 일찍 터뜨린 샴페인으로 잔치는 싱거워져 버렸다. 잔치는 서둘러 끝났으나 아직 흥청거리는 군중들도 있다.

'망해가는 나라의 꼴을 그대로 보고만 있을 것인가? 미래는 너희의 몫이다. 무엇을 믿고 그렇게 안일한가?'

그들에게 주문은 그렇게도 간단했으나, 이는 벌써 빛 바랜 일이다.

'청춘은 하여간 자기에게 모반하고 싶은 것, 옆에 유혹하고 싶은 사람이 없더라도.'

〈햄릿〉의 이 말이 나를 다른 위치에 두었는지 모른다. 하나의 나사못이 당장은 빠지더라도 더 튼튼한 것으로 변하리라는 가당찮은 자위. 이는 어려운 현실로부터의 도피를 겨우 정당화시킬지도 모른다.

(1997년 11월 9일)

독일로 유학을 오려는 사람에게 보낸 편지-2

( )미항씨 보세요.

듣기로만 안 이름이라 실수를 했나 봅니다. 용서 바라오며, 그와 마찬가지로 독일말을 제대로 듣는다는 것은 보통 어려움이 아니라는 점을 아시기 바랍니다. 특히 한국에서 GIA만 마치고 그 후에 약 두 달의 공백을 허송세월로 보내버린 것을 이곳에서 많이 후회했다는 점은 명심하시기 바랍니다.

이제 겨우 두 달을 넘기고, 또 보름을 넘겼지만, 독일인과 대화의 자리는 언제나 두려움입니다. 한국에서 이곳에 오는 많은 사람들은 주로 괴테 인스티튜트를 선택합니다. 숙소까지 제공받는 괴테라면 약 2800막이 소요됩니다. 하지만 가장 확실히 배우는 단 하나의 방법이니 필요한 사람은 선택할 수밖에 없습니다. 하지만 저는 조금 싼 방법을 택했습니다. 어차피 6달만 견디면 되는 노릇이라 생각하고 시작한 것이 매 학기 열리는 시민대학(Volkshochshule)의 수업입니다. 많은 강좌가 준비되어 있으며, 그 중에 어학코스도 들어 있습니다. 10월 초 시작을 해 2월 초에 끝나는 독일어 강좌에 220막이며, 학생은 10퍼센트 할인의 혜택도 있습니다. Fremdsprache 1.1을 선택했는데 한국에서와 같은 책인 Themen Neu를 1과에서 10과까지 배웁니다. 문화원의 G1A에서 G1B까지 해당하는 것입니다. 한국보다 적은 시간에 더 많은 내용을 학습하는 것입니다. 아예 책도 1과에서 10과까지 편성되어 있습니다. G1C, G2A는 여기의 Fremdsprache 1.2에 해당합니다. 물론 여기도 프라이부르그 대학에서의 어학 코스가 있습니다. 하지만 Mittlestufe부터라고 합니다. 언어 감각이야 남자에 비해 여자가 훨씬 뛰어나니 어떻게 되겠지요.

독일은 한국에 비하여 춥고, 습기가 많습니다. 한국에서 멋으로 어깨에 걸치고 다니는 티셔츠는 이 곳 사람들에게는 생활이었습니다. 저가 있는 이곳은 독일의 남서부 가장 끝에 있는 도시이며, 가장 따뜻한 곳입니다. 하지만 11월로 들어선 요즘, 밤, 낮의 추위는 어지간합니다. 한국에서 떠날 때 미리 두툼한 옷들을 챙겨 오셔야 할 것입니다. 이곳에서 오래 산 한국유학생들은 패션을 전혀 신경을 안 씁니다. 항공편으로 휴대하는 짐은 20킬로를 초과한다면 부과 요금이 매우 많습니다. 집이 정해졌다면 바쁘게 사용되지 않을 물건들을 선편으로(보통우편은 선편입니다) 미리 부쳐두면 좋을 것입니다. 배로는 대개 4주 정도가 소요된다 하던데, 때론 그보다 더 걸릴 수도 있습니다.

베를린 대학의 입학허가서 받은 것을 축하드립니다. 입학허가서의 제한 요건이 어떤지는 모르겠지만, 일단 테스트에 합격을 해야 할 것이니 좋은 연주를 독일 교수 앞에서 보여주시기를 바랍니다. 그래서 2월의 입학 시험에 합격하기를 기원합니다.

참고로 제가 학생비자를 얻어서 이곳에서 생활하기까지 필요했던 사항 및 관련서류들을 복사해서 부칩니다. 시간나는 대로 해석해 보시고, 독일에서 생활하시는데 조금이나마 도움이 되기를 바랍니다.

1) 입학허가서는 받았으니 비자 문제는 쉽게 나겠군요. 비자는 출발 일자를 대사관에 잘 말씀하시기를 바랍니다. 예를 들어 1월초에 출발인데 11월부터 비자 발급이 되어 있으면 독일에서 1월 중에 거주 허가를 얻는 문제를 해결해야 하므로 마음적으로 아주 바쁘게 됩니다. 저 같은 경우, 8월에 출발하기로 하였지만 일이 늦게 되는 바람에 한 달 늦게 출발하였습니다. 이미 비자는 받아 둔 상태였기 때문에 남은 비자 기간은 2달이었고, 그 사이에 거주 허가가 나와야 했습니다. 10월 19일이 지나면 쫓겨나야 할 입장인데, 마침 10월 11일 입학 등록을 마쳤기 때문에 비자 재발급을 하였습니다.

2) 독일에 거처를 정하면, 우리나라의 주민등록과 비슷한 신고를 하여야 합니다. Anmeldung이라 되어 있는 복사물입니다. 거주지를 옮기게 되면 Ummeldung, 다시 한국으로 돌아갈 때, Abmeldung을 하게 됩니다.

3) 베를린 대학의 테스트에 합격하면 입학등록절차를 거치게 될 것입니다. Informationen zur Einschreibung이라는 것은 입학 등록에 관한 정보입니다.

① 여권은 가장 중요합니다. 어떤 경우에라도 여권을 잃어버리지 않도록 주의하십시오. 처음 비자는 3달간만 Visum이 나옵니다. 여기서 어학과정을 하든지, 학생 등록이 되든지 체류할 수 있는 자격이 된다면 '외사 경찰'에서 비줌을 경신하면 됩니다. 아시는 분이 있다면 같이 가도록 하세요. 저는 5달만 있으면 되었으므로, 6개월간 연장을 하였습니다. 한국에서 3개월간의 비줌에 30막을 내었는데, 6개월간의 비줌은 60막을 내었습니다. 한 달에 10막하는 모양이죠. 비행기를 타고 내릴 때, 국경을 넘나드는 여행에, Anmeldung,

입학등록 등 여권은 수시로 제출됩니다.

② 입학허가서는 받으셨죠? 저의 입학허가서는 아무 조건이 없습니다만, 많은 한국학생들의 허가서는 어학테스트에 합격하여야 한다는 조항이 붙어 있습니다. 그래서 어학코스를 새로 다니기도 하는데, 만일 가능하다면 어학코스를 인정하는 시험을 치루어 그 과정을 건너뛸 수 있도록 하십시오.

③ 누구나 의료보험에 들어야 합니다. 이것은 입학 등록에 꼭 요구하는 사항입니다. 의료보험에 들기만 하면 독일에서 아파도 걱정이 없습니다. 하지만 저는 의료보험을 들지 않았기 때문에 앞으로 아프면 큰일입니다. 많은 돈이 드니까 안 들었습니다. 30살 이상의 외국인은 의료 보험에 들지 않아도 입학 등록이 가능합니다. 대신 30살 이상이어서 의료 보험에 들지 않았다는 증명서가 입학 등록에 필요하기 때문에 그것을 준비하였습니다. 의료보험 회사는 여럿 있습니다. Informationsblatt zur Krankenversicherrung이 의료보험에 관한 정보입니다. 이것은 물론 프라이부르그의 예입니다. 대부분의 학생들은 AOK에서 처리를 하는 모양입니다. 가장 싸답니다.

④ Studienbuch는 입학 등록이 되어야 나오는 것입니다. 학생증과 함께 이것을 받으면 정식 학생이 되는 것이죠. 학생이 되면 많은 혜택이 있습니다. 멘자의 식사는 매우 저렴합니다. 학생 할인의 혜택이 곳곳에 있습니다. 철도카드(반카드)도 거의 40프로를 할인해 줍니다.

⑥⑦ 160막, 이것이 겨우 한 Semester의 학비입니다.

⑧ 여권을 만드실 때 사진을 찍어두셨을 것입니다. 혹 남으셨다면 꼭 가지고 오시기 바랍니다. 사진이 몇 장은 필요할 것입니다.

4) 모든 외국인의 입학 등록은 Akademische Auslandsamt에서 하더군요. 입학등록을 할 때 적은 용지를 동봉합니다. 물론 대학에 따라 다르겠지만, 비슷하겠지요.

5) 입학 등록이 완료되면 그 자리에서 학생증과 Studienbuch를 받고, 며칠 후에는 편지가 한 장 날라옵니다. 이 편지는 아주 중요합니다. 여기에 재학증명서가 있으며, 이 재학증명서는 비줌을 받을 때 한 장 제출하게 됩니다. 복사물 중 잘려 나간 부분은 재학증명서가 있던 곳입니다.

6) 언제라도 말이 잘 통하지 않을 때는 서류가 중요한 역할을 하기도

합니다. 예를 들어 독일 학자의 초청 서한, 장학금 수혜에 관한 서류 등등, 수시로 바뀌는 상황에서 효과적으로 대처하기에는 서툰 말보다는 유창하게 적혀있는 서류가 큰 효과를 봅니다. 저는 한국에 많은 것을 놓아두고 왔기 때문에 무척 어려웠습니다. '장학금을 어디에서 받느냐'라는 질문에 서류 한 장 내놓으면 끝날 일을 손짓에다, 얼굴 상기시켜가며, 떠듬거리는 꼴을 연출해야만 했었죠. 꼭 챙기시기 바랍니다. '외사 경찰'에는 한국에서 처리한 모든 서류가 와 있습니다만, 그 외의 곳에서 필요할지 모르니, 재정보증서도 챙기시기 바랍니다.

7) 2월에 테스트가 있다면 입학등록은 아마 4월에 있을 것입니다. 그 동안 비자 기간이 만료되기 때문에 거주를 할 수 있는 다른 자격이 갖추어져야 합니다. 어학코스를 다닌다는 증명서도 가능하다고 알고 있습니다.

8) 항공편은 대개 프랑크푸르트로 향하지만, 만일 목적지가 프라이부르그라면, 스위스 쮜리히에 내려, 바셀, 그리고 프라이부르그로 오는 방법도 있습니다. 독일 물가는 한국에 비해 대개 싸다고 할 수 있습니다. 특히 가전제품 등이 싸고, 육고기는 아주 쌉니다. 한달에 약 300막이면 아주 잘 먹는 생활을 할 수 있습니다. 반면에, 거주 비용은 집에 따라 차이는 나지만 비싼 편입니다. 비용 문제를 잘 계산하시기 바랍니다. 처음 얼마 동안은 살림 마련 등의 문제로 꽤 지출될 것입니다. 그리고 싸게 살 수 있는 것도 잘 모르니까. 여러 군데를 둘러보면 항상 어딘가에는 같은 물건을 싸게 파는 곳이 있습니다. 그리고 당장 필요 없는 물건 같으면 기다리는 여유를 가지는 것이 좋습니다. 그렇지 않으면 나중에 후회합니다.

9) 노동 허가가 나지 않은 외국 학생은 일을 하지 못하게 되어 있습니다. 비줌에도 그와 같은 점이 명시되어 있을 것입니다. 단, 방학 중에만 가능한데, 방학기간은 한국에 비하여 아주 짧습니다. 그나마 독일어에 능숙하지 못한 사람은 아르바이트를 구할 수도 없습니다. 장학금이나 자비에 의존할 뿐입니다. 입학이 되면 장학금을 얻을 수 있는 방법을 백방으로 알아보아야 할 것입니다. 교수에게 부탁을 하는 방법도 있겠죠.

10) 시장에 가서 잘 찾으면 온갖 음식을 할 수 있는 방법이 다 궁리됩니다. 하지만 집에서 담근 된장과 고추장 등이 생각날 것입니다. 국물이 흐르거나

깨어질 수 있는 것은 우편으로 잘 취급하지 않습니다. 플라스틱이나 유리병에 잘 담아서 테이프로 꼭 싸고, 잘 포장된 것은 가능하겠지요. 여기에서 모든 것을 조달해야 하겠지만, 혹 한국에서 보낼 경우를 생각해서 가족에게 포장 방법을 잘 설명해 드리고 오시는 것이 좋을 듯 합니다. 고춧가루 같이 가벼운 것은 오실 때 함께 가지고 오는 것이 좋을 듯합니다. 짐의 무게를 적절히 배분하셔서 당장 사용될 것들을 챙기시기 바랍니다. 항공편 우송물은 빠르긴 하지만 많은 돈이 듭니다.

11) 거주지에는 대개 냉장고, 침대, 주방, 화장실 등과 Teller, Löffel, Garbel, Messer 등이 같이 있을 것입니다. 한국에서 괜히 가져와서 짐만 된 대표적인 저의 예를 들자면 코펠, 버너 등 식사용구입니다. 냉장고 같은 경우, 공동으로 사용하게 되는 것인지, 개인적으로 사용하게 되는 것인지 모르겠지만, 공동으로 사용하는 경우, 심한 냄새가 나는 것을 넣는 것은 실례입니다. 방값에는 '카우션'이라는 것이 따라 붙는데, 보증금 비슷한 겁니다. 혹 집을 험하게 사용한다면 집을 옮길 때 보증금을 적게 또는 한 푼도 돌려받지 못할 수도 있습니다.

12) 한국쌀과 비슷한 맛의 쌀이 가게에 있습니다. 따뜻한 밥을 드시고 싶다면 작은 밥통 하나를 들고 오시는 것도 좋을 듯 합니다. 물론 여기서 사셔도 되구요. 2인 내지 3인용의 밥통을 여기서 사신다면 5만원 정도가 소요될 것입니다.

프라이부르그 대학교 광물 · 암석 · 지화학 연구소에서 성종규였습니다.

4331. 11. 10.

(1997년 11월 10일)

쉬바벤 토아 (Schwaben Tor)

내가 잠시 가서 살던 그곳에서 한국인 유학생들과 함께 얘기하면서 뒤집어지게 한 얘기입니다. 지금도 그곳 유학생들 사이에서 회자되는……

이야기의 배경 : 1) 과거 독일의 남부 지역은 요충지대로 지역 방위를 위한 군대가 있었다. 2) 쉬바벤 토아의 옆에 안내 간판을 보면 쉬바벤 토아가 과거 평지에 있었던 것이 아니라 높은 고개에 있었음을 알 수 있다.

쉬바벤 토아는 군대의 훈련 코스였다. 아침에 영을 출발하여 이곳 쉬바벤 토아를 오르면 허기도 질 뿐더러 딱 점심시간이 되었다. 하루는 어느 병사가 가쁜 숨을 쉬며 이곳에 오른 후 즐거운 식사의 상상을 하며 배낭을 여는 순간…… 그는 순간 허탈한 심정을 가눌 수 없었다. 점심 식사를 가지고 오지 않았던 것이다. 그러자 이 병사가 한 말……

"쒸~바 벤또……"

이렇게 해서 쉬~바 벤 토 의 지명이 나왔다.

1) 쉬바벤 토아를 직접보았다면, 그리고 그 지역의 과거 역사를 좀 안다면…… 2) 쉬바~벤 토아의 독일어 발음을 안다면 이 이야기는 정말 뒤집어지는 얘깁니다. (마지막 '아'는 거의 발음 안됨)

사실은 저, 전화기 앞에 서면 떠, 떠, 떨, 떨거든요……

프라이부르그 쉬바벤 토아

차라리 한 끼를 굶고

옛날이야기 한 토막이다. 친구 집에 거의 눌러 살다시피 하는 선비가 있었다. 아내는 남편이 별 말이 없기에 불평을 가슴 속으로만 삭였는데, 하루는 그 친구가 없는 사이 아내에게 남편도 불평을 터놓았다.

이윽고 친구는 돌아왔고, 남편과 함께 이야기하고 있는 방문 밖에서 아내는 문자를 쓴다.

"인양복일하리까?"

남편은 "월월산산커늘!"하고 답하였고, 이를 들은 친구는 "정구죽천하도다." 하고는 자기네 집으로 돌아갔다는 것이다.

人良卜一은 '밥을 올릴까요(食上)', 月月山山은 '친구가 나가거든(朋出)', 丁口竹天은 '가소(可笑)롭구나.'는 것이데, 사실 가소로운 것이 누구인지는 차치하고라도 선비는 차리리 한 끼를 굶고 평온한 마음을 가졌을게다.

쮜리히에서 스키 여행을 온 동포를 만났다. 요즘의 경제 상황이라면 펄펄 끓는 기름을 그 두꺼운 상판대기에 끼얹어도 시원찮을 판이다. 동포애를 떠나 치밀어 오르는 부아가 있었다.

일막 당 칠백 원 가까이 오른 요즘의 원화 가치를 생각하면 과학재단의 지원금을 몽땅 마르크화로 바꾸어 오지 않고 아낀답시고 통장에 반을 남긴 것에 후회하는 마음도 사실 있지만, 차라리 한 끼를 굶고 평온해질 수 있는 것이 나을 것 같다. 그나마 김치를 담을 수도, 멸치를 볶을 수도 있으니 참을 만하다.

(1997년 11월 26일)

열린……

칼 포퍼는 〈열린 사회와 그 적들〉에서 닫힌 사회에서 열린 사회로 가는 것은 인류가 수행한 가장 위대한 혁명의 하나라고 하였다. 닫힌 사회란 불변적인 금기와 마술 속에 살아가는 원시적인 부족 사회라면, 열린 사회는 불변의 규칙이나 전통적 권위에 의존하는 게 아니라 각자가 자신의 이성에 따라 판단을 내리며 다른 사람의 자유를 인정하고 형제애 속에 사는 사회이며, 개인의 자유와 권리가 확보된 사회라고 규정하고 있다.

지난날은 열린 교육의 구호가 난무하였다. 그 와중에 교육감은 부산의 교사들을 폭력교사로 치부한 편지를 보냈었고, 여기에 서명까지 해내라고 하였었다. 심지어는 자정결의대회인가 뭔가를 해서는 그 결과를 보고하라는 어처구니없는 공문도 학교로 날아들었다.

"어쩝니까, 저가 제일 나쁜 놈이니 저가 대표로 선서를 하겠습니다. 선생님들께서는 모두, 일어서만 주십시오."

교무주임이신 정석화 선생님의 말씀이었다. 그렇게 잘난 처지도 아니었으면서, 교무실 구석에서 나는 꼼짝도 않고 앉아있었고, 그걸 본 몇 여선생님들이 소리죽여 웃음을 참고 계셨다.

교육감은 오래 전, 독일에서 교육을 받았다는 몸이라 알고 있는데, 여기 독일의 교육을 아직 겉도 보지 못한 나보다도 더욱, 장님같은 세월을 보냈나 보다. '열린'의 개념조차 파악하지 못하고 열린 교육의 구호로 도배를 하고 있었다. 이제는 한술 더 떠 수준별이라고 하고들 있으니 '문틈에 끼인 아이는 어떻게 하란 말인가!'

(1997년 11년 28일)

전설 한 편

옛날, 어느 나라에 한 발명가가 살았다. 그가 만든 기막힌 발명품에는 정말 좋고 색다른 이름을 붙여야 하겠다고 단단히 벼르고 고심하던 차에 한국(조선)에서 글자를 발명했다는 세계발명가협회의 소식지를 접하게 된다. 그는 글자를 발명한 세종임금에게 그의 발명품이 명명되기를 희망하고 드디어 한국 땅을 밟게 된다.

"마마, 저의 발명품에 이름을 하사해 주시옵소서."

"그래, 그대의 발명품은 어떤 종류의 것인고?"

"예, 간단히 말씀 드리자면, 일종의 운송 수단이옵니다."

세종임금은 운송 수단이란 말에 '타'자를 넣기로 마음먹고, 도승지에게 명을 내렸다.

"이 사람의 발명품이, 그 성능이 십분 발휘되게 경은 만전을 기하시오. 내 친히 그것을 타 보리다."

발명품은 경복궁 깊숙한 곳에 설치되었고, 무거운 발명품의 운반과 설치에는 거중기가 사용되었다고 혹자가 말하고 있다. 우리가 아는 사실은 이보다 훨씬 뒤에 거중기가 발명된다는 것이나 이 부분에 대한 고증은 아직 해 보지 못하고 있다.

드디어, 설치가 끝나고 발명가와 세종임금은 시승을 하였다. 문이 닫히고 실내는 컴컴해졌다. 잠시 후 세종임금은 묘한 기분을 느낀다. 컴컴하면서도 약간의 어지럼증과 속이 불편한 느낌은 어가(御駕)나, 말을 타는 기분과는 달랐다.

'기분이 묘하군, 마치 풍랑 속에 갇힌 배와 같이……'

세종임금은 '배에 타'라는 이름을 붙이기로 작정했다. 잠시 후에 '배에 타'는 멈추었고 문이 열렸다. 세종임금은 깜짝 놀랐다. 아직 태어나 한 번도 올라 보지 못한 경복궁의 지붕 위였고, 신하들이 아래 먼 곳에서 자그마하게 보였다.

'음, 이건 사람을 위로 올려 주는 것이구나, 이름은 〈올리 배에 타〉라고 하면 적당하겠군.'

"짐이 그대에게 이름을 하사하겠노라."

"마마, 아직 이 발명품의 성능을 다 보신 것이 아니옵니다."

세종임금은 발명품의 성능을 모두 다 본 후 이름을 다시 생각해 보기로 하나, '올리배에타'라는 심중의 작명에 무척 흐뭇해하였다. 다시 컴컴한 실내를 지나서 이제는 원래의 자리로 돌아온 세종임금은 더욱 놀랐다.

'아니, 이렇게 놀라운 발명품이, 이건 사람을 올려다 줄 뿐만 아니라, 내려도 주는 기계로구먼.'

세종임금은 발명가에게 '올리배에타', '내리배에타'를 합성한 이름을 하사한다. '올'의 'ㅇ', '내'의 'ㅐ', '올'의 받침 'ㄹ'을 합성하여 '앨'을 만들고 공통된 '리배에타'를 붙여 '앨리배에타'라고 이름을 붙여 주었으니, 이 발명품이 어떤 것인지는 모든 독자가 익히 알고도 남을 것이다.

발명가는 '앨리배에타'란 이름에 아주 흡족해 하였고, 그의 고국으로 돌아가 더욱 놀랄만한 것을 발명하게 된다. 그러나 세종임금은 돌아가셨고 발명가도 이제는 늙어버렸다. 다시 가기는 어려우나 발명품의 이름을 조선에서 짓고 싶어 상세한 제품 설명서를 동봉한 편지를 보내게 된다.

세조는 발명품에 어울리는 이름을 짓는 신하에게 벼슬을 올려줄 것을 약속하였다. 대신들은 정사를 돌보는 일보다 이름을 짓는 일에 더욱 열중하였다. 근정전의 계단은 하루에도 수십 번씩 오르락내리락 하는 신하들의 발걸음으로 모가 닳고 있었다. 한 대신이 그 광경을 보면서 드디어 당첨작을 내게 된다. 계단을 오르락내리락 하는 대신들을 유심히 보던 그가,

'참, 별 쓸데없는 짓 다하고 있군. 저기에 그게 설치되어 있었다면, 애써 저렇게 걸어 갈래니 타고만 있으면 될 텐데. 아!'

무릎을 탁 치면서

"〈애써 갈래니, 타!〉"

이것이 어떤 기계인지는 또한 쉽게 알 수 있으리라.

경복궁의 깊숙히 설치 되었던 '앨리배에타'는 세월이 가면서 점점 사람들의 뇌리에서 잊혔고, 후에 경복궁을 재건하는 일만 없었더라면 오늘날 그 모습을 볼 수 있었을 것인데 실로 안타까운 일이다.

경복궁을 해체하는 중에 앨리배에타가 발견되었고, 그 소식은 가장 먼저

대원군에게 전해지게 된다. 현장에 도착한 대원군은 그것을 유심히 살피다가 앨리배에타 표면에 적힌 '양글'을 보게 된다. 관계자 몇을 엄중히 함구시키고, 앨리배에타와 관련된 사료들을 모두 없애버렸다.

이전의 사실은 간간의 자료로 고증해 보았으나, 그 후 앨리배에타가 어떻게 되었는지는 알아내기가 여간 어렵지 않다.

혹, 역사를 전공하신 동문, 동창님의 방문을 거부합니다. 합치점이 없는 평행선의 토론은 서로를 가슴 아프게 하기 때문입니다.

이 글은 1990년 부산금정여자중학교에 재직할 당시 필자가 학교 신문 분수대에 발표한 〈전설 한 편〉을 기억을 더듬어 다시 쓴 것이다. 오늘 프라이부르그대학교 도서관의 인터넷 사이트에서 진주고등학교 52회 동기회의 홈페이지를 접하게 되었다. 반가움을 당장 표현하고 싶어도 한글로 칠 수 없는 것이 안타까웠다. 멀리서도 동기들의 소식을 알 수 있다는 것은 환상이었다.

4332년 1월 21일, 프라이부르그대학교 광물암석지화학연구소에서 경상남북도 일원의 8천만 년 전 화산암을 매일 노려보고 있는 동기 성종규(3-10)가 쓰다.

《필자 주 * 오늘날 다시 금정여자중학교(현재의 금양중학교)에 오게 된 저는 분수대를 꺼내어 그 글을 다시 보게 되었습니다. 나의 기억과 크게 다르지 않기에 여기에는 개정판을 실었습니다.》

(1998년 1월 21일)

무엇이 교육적인가?

92년이었던가? 아침의 주제는 책상의 낙서였다. 심각성이야 인정하는 바이지만, 훈화를 해야 할 나조차 중학시절 얼마나 많은 책상의 살점들을 도려내었던가! 교사는 그렇게 가면을 써야만 하는 것이었다.

뒷 게시판을 모두 하얀 모조지로 덮었다. 어차피 할 낙서라면 저기다 하자고 하였다. 사흘도 안가서 빈자리는 없어졌고, 그로부터 또 하루도 안 가서 교감선생님의 호출은 떨어졌다. 결론을 어렵지 않게 이야기해서 '그게 교육적입니까?'라는 것이었다.

나에게는 10월 학예전에서의 전력이 있었다. 수업하는 반마다 들어가서는 '학예전에 임하는 우리의 자세'란 주제로 1시간씩 특강을 하였다. 효과가 있었는지 우리 반과 3반이 학급학예전을 한다고 온 교실을 전시장화하였다. 학교는 발칵 뒤집혔다. 전시한다고 꾸민 3반 교실은 도저히 수업을 하지 못할 지경에 이르렀기 때문이다. 교장, 교감 선생님의 철거지시는 학생들을 우울하게 하였지만, 마침 우리 반은 아주 점잖게 전시되었기에 화살을 피해갈 수 있었다. 이게 나로부터 비롯되었음을 아무리 눈치가 없어도 알만하다.

또 한 번의 전력이 있다면 '방학책' 문제다. 언제나 방학책 이야기가 나오면 단골로 일어난다. '교감 선생님, 한 가지만 여쭙겠습니다. 방학책은 교재입니까? 부교재입니까?' 이 물음은 제법 효과가 있다. 어차피 맞을 부메랑이기 때문에 준비를 해 두어야 한다. 우리 반의 방학책을 사는 인원은 7명이다. 교감 선생님께서 부르신다. 물론 제일 나중의 순서로. 대답은 간단하다. '교감 선생님, 그게 정말 좋고, 교육적이라면 그 좋은 우유는 왜 전 학생에게 안마시게 하는 겁니까?' 그 당시는 학교에서 많은 학생들이 우유를 받아먹고 있었다.

'그게, 교육적입니까?'란 명제는 아무래도 방학책 일과, 학예전 사건이 복합적으로 염두에 두었어졌을 것 같다. 무엇이 교육적일까?

(1997년 10월 25일)

담임 의견서

학번 : 29**

이름 : 아무래도 지워야겠지.

위 학생은 편모슬하의 어려운 환경에서 학교를 다니고 있으며, 청소년기의 유혹에 쉽게 빠질 수 있는 성향이나, 선한 삶과 그렇지 않은 삶을 구분할 수 있고, 좋은 방향의 삶을 영위하고자 노력하는 학생입니다.

친구 간의 의리를 지킨다는 명목으로 일이 본의 아니게 크게 벌어지게 되었고, 이를 수습하는 과정에서 처벌에 대한 두려움을 느끼고 현실 도피 수단으로 5일 정도 가출을 하게 되었습니다.

현재 위 학생은 본인의 잘못된 점을 뼈저리게 느끼고 있으며, 바른 행동을 하려는 의지가 돋보이는 중입니다. 적절한 사회봉사 활동 처분을 내려 땀의 의미와 더불어 사는 삶의 가치를 느끼게 해 줄 수 있다면 지금보다 훨씬 더 보람된 학창시절이 될 수 있으리라 생각합니다.

1998년 5월 일

동현중학교 제 2학년 9반 담임 성 종 규

(1998년 5월)

'첫째가 되려면 마지막에 서라'고 한 예수의 말에 따라 베드로가 마지막 기둥에 달려 있었습니다. 어지간히 첫째가 되고 싶었던 모양이죠.

주) 프라이부르크 뮌스터 성당의 기둥에 사도상이 걸려 있었어요.그것을 두고 어느 편지에선가 나타낸 쪽지입니다.

이천년 전의 기록

1976/ 2 진주 봉곡국민학교 6회 졸업

1979/ 2 진주 남중학교 26회 졸업

1982/ 2 진주고등학교 52회 졸업

1982/ 3 부산대학교 사범대학 지구과학교육과 입학

1986/ 2 부산대학교 사범대학 지구과학교육과 졸업

1986/ 3 동성건설산업(주) 현장기사

1986/ 9 육군 제1군단사령부 인사처 행정과 인사서기병(사병계) 근무

1987/ 4 육군 문서편집기 및 문서수발시스템 관리 시범 운영 요원

1988/ 12 육군 제대(육군 병장)

1989/ 9 부산금정여자중학교 발령

1990/ 11 부산직할시 지정 컴퓨터교육시범학교 운영

1990/ 12 시범학교 운영 유공 교육감 표창

1991/ 3 청소년연맹 암벽등반 전문 지도강사 위촉

1991/ 8 소프트웨어 공모전 입상(동상) K-Light3

1992/ 7 교사 컴퓨터 직무연수 강사 위촉

1992/ 8 전국 컴퓨터교육회 위원

1992/ 8 소프트웨어 공모전 특상 지도

1993/ 3 부산대학교 대학원 지질학과 석사과정 입학

1993/ 7 교사 직무연수(컴퓨터) 강사 위촉

1993/ 8 소프트웨어 공모전 특상 지도(학교 단체상 수상)

1994/ 3 동현중학교 전근

1995/ 2 부산대학교 대학원 지질학과 석사과정 수료(이학석사)

경남 천성산 일원의 백악기 화산암류에 대한 암석학적 연구

1995/ 3 부산대학교 대학원 지질학과 박사과정(광물암석광상학 전공) 입학

1995/ 10 창의력신장 시범수업 실시 동래교육청

1996/ 3 전략광물연구소(고려대학교) 학위논문 지원 장학생 선정

1996/ 6 천성산 백악기 화산암류에 대한 암석학적 연구(I), 암석학회지 논문

1996/ 7 교사 컴퓨터 직무연수 강사 위촉

1996/ 10 창의력신장 시범수업 실시

1996/ 10 천성산 백악기 화산암류에 대한 암석학적 연구, 암석학회(고려대학교) 발표

1996/ 12 교육부지정 열린교육 시범학교 운영

1997/ 3 가거도(소흑산도)의 백악기 화산암류에 대한 암석화학적 연구, 암석학회지 논문

1997/ 4 가거도(소흑산도)의 백악기 화산암류에 대한 암석화학적 연구, 지질학회(부경대학교) 발표

1997/ 5 경상분지 백악기 화산암류에 대한 암석화학적 특징, 자원공학회(동아대학교) 발표

1997/ 5 한국과학재단 지원 신진고급기술인력 독일 파견자 선정

1997/ 7 전국과학전람회 학생작 입상(우수) 지도

1997/ 8 부산대학교 대학원 지질학과 박사과정 광물암석광상학 전공 수료

1997/ 8 독일 프라이부르크 대학 박사전 연구원 선정

1997/ 8 Geochemical characteristics and REE patterns of the Cretaceous volcanic rocks evolved by subduction zone in Kyeongsang basin, Korea. 유럽지질학회(체코) 발표

1997/ 9 독일 프라이부르크 대학 광물암석지화학연구소 연구원

1997/ 10 Petrochemical study on Cretaceous volcanic rocks in the Kyeongsang Basin, Korea. 지질학회 국제심포지움(서울대학교) 발표,

1998/ 4 부산광역시교육청 과학교육원 '광물화석전시장' 설치 자문위원 위촉
경상분지 화산암류에 대한 암석화학적 고찰: 섭입대의 깊이와 지각의 두께 지질학회(부산대학교) 발표

1998/ 6 경상분지 화산암류에 대한 암석화학적 고찰: 이원성 마그마의 가능성, 자원환경지질학회지 논문

1998/ 7 교사 컴퓨터 직무연수 강사 위촉

1998/ 7 한반도 정보화 추진위원회 위원 위촉

1998/ 7 한반도 정보화 추진위원회 수업 개선 사례 발표, 자기주도적 학습을

위한 수업 개선의 방법. 대한민국 국회 발표

1998/ 8 전국과학전람회 학생작 입상(우수) 지도

1998/ 10 교육과학연구원 '암석과 광물' 전시장 개관

1998/ 12 교사 컴퓨터 직무연수 강사

1999/ 3 장전중학교 전근

1999/ 3 부산대학교 지질학과 시간강사(화산학)

1999/ 4 동래교육청 협동 장학요원

1999/ 4 교사 컴퓨터 활용능력시험 출제위원

1999/ 5 제3기 장기분지 현무암질암에 대한 암석학적 연구, 지질학회 · 자원환경지질학회 · 자원공학회 공동 학회(충남대학교) 발표

1999/ 7 교사 컴퓨터 직무연수 강사

1999/ 7 전국과학전람회 교사부 입상(우수)

1999/ 8 Petrochemical study on the volcanic rocks related to depth to the Benioff zone and crustal thickness in the Kyongsang basin: A review, 자원환경지질학회지 논문

1999/ 12 교사 컴퓨터 직무연수 강사

1999/ 12 부경대학교 중등교원 협동연구자 지정

1999/ 12 장기지역에 분포하는 중성-염기성 용암에 관한 암석학적 연구, 암석학회지 논문

1999/ 12 부산대학교 대학원 지질학과 광물암석광상학전공 이학박사 인준

(1999년 12월 31일)

이천년 후의 기록

앞으로의 기록들이지!

(2000년 1월 1일)

그리운 사람을 그리며

그려도 그려도
안 닮는게 있습니다.
바로 그리운 사람입니다.

눈 앞에서 잡힐 듯 웃고 있는데
손 끝에선 딴 여인이 되어
낯설기만 합니다.

그래서 그 다음부터는
가슴 속에만 넣어두고 다닙니다.

가끔 생각나면
씩 웃고
또 생각나면
그리운 사람이 계신 쪽
하늘 한 번 쳐다보고

그쪽 하늘은 그리운 사람이 있어
언제나 맑습니다.
다정한 사람이 있어
그쪽에서 부는
바람까지도
향기롭습니다.

(2000년 6월 12일)

그대로 두라

한 사나이가 길을 가다 엄청난 금덩어리를 주웠다. 집에 가서 마누라에게 얘기 한다면 온 동네에 소문이 날 터다. 먼저 마누라 입단속이 급선무다 생각하고 외딴 길 옆에 그것을 묻는다.

"내가 만지면 금, 남이 만지면 뱀."

멋지게 주문도 외고. 우연히 사나이의 행동을 목격한 한 노인이 있었다. 다음 날 마누라와 함께 사나이가 그 장소를 찾았다. 그러나 금이 묻혀 있어야 할 곳에 죽은 뱀이 한 마리 있다. 그것을 본 사나이가 뱀을 치면서

"야, 나야, 나."

체코나 독일이나 그들이 자연을 사랑하는 방법 중의 하나는 그대로 둔다는 것이다. 인공물조차 오래된 것을 유지하려고 한다. 원래의 것으로 복원하려는 그들의 노력은 두려울 정도다. 97년 들른 독일 남부 상트 블라지엔에 9세기의 바로크 성당이 있다. 반경이 36미터에 이르는 성당의 내부 돔은 2차 대전으로, 그리고 그 이전의 화재로 무척 오랫 동안의 복원에 시달렸다(?). 훌륭한 자연을 지녔으면서도 그것을 살리지 못하는 우리가 부끄럽다. 동강이 완전히 동강날 지경에서 그나마 보존으로 방향이 굳혀졌다니 그나마 다행스럽다.

(2000년 6월 20일)

1997년의 프라하 카를교

이별의 단상

끝까지 당당하지 못하였음에 스스로 부끄럽습니다.
진정 내가 원하였음은 불편한 관계니 그런 것과는 거리가 있었습니다.
단지 '그저 태워드리고' 싶었습니다.

그것이 어떤 결과를 가져올지를 예상할 때는 한없이 주저했습니다.
여지없이 처참한 또 하나의 패배를 가져다 줄 것이기 때문이었습니다.
그렇게 예상하였음에도 잠을 설쳐가며 나갈 수밖에 없었습니다.
단지 그쪽이 '편할 수 있다면' 그것으로 족했고,
지금처럼 가슴 아려도 한번 본 것만으로도
오늘 하루가 즐거울 것 같다면 그 이유가 조금은 해명될 듯 합니다.

그리고
다가가면 다가갈수록 더욱 다가가는 것에서 멀어짐을 이미 알고,
또한 그렇게 하여 더욱 학습되어짐을 알아도
예의를 다하는 아름다운 모습을 이해할 수 있을 것 같기에
정말 그리라도 되어
이제는 어찌 못 할 운명의 시간이
차라리 빨리 다가왔으면 하는 이율배반의 마음도 때로 맴돕니다.

미래의 일은 알 수 없습니다.
그가 어떻게 당신을 대할는지, 나 또한 당신을 어떻게 대할는지
다들 지금 외치노니 최선을 맹세하나
서로 상대에게 시기심의 발로에서 거짓을 꾸미고 있는지도 모릅니다.

주변의 무성한 말들이 나를 더욱 멀어지게 만들었는지도 모르겠습니다.
하지만 맹세하나니 한 달을 숨어 지내고 있었습니다.
땡볕에서 학생들과 뛰고 뒹굴고 했던 기억밖에는 남아있지 않은데
남은 잔재가 그와 같이 허접한 쓰레기라는 사실은 당신보다는 더 나를 미치게 만들겝니다.
내가 원했던 그것
이 이야기를 잊으셨다면 다시 해야 할 것 같습니다.
단지 '오랫동안 만나며 알고 싶다고……'

작은 원함을 금제당하여 이제는 할 수 없다면
가슴 아림과
같이 이 세상에 존재한다는 것만으로도 가슴 벅참 사이에서
삶의 의지도 없이 망연해질 어려움을 겪을까도 싶어
차라리 하지 않고 후회하기보다는
하고 후회하는 것이 낫다는 심정으로 다가 가렵니다.
이제는 선생님의 팬으로
나의 행동들이 더욱 그와 당신을 가깝게 하고,
그리고 운명의 순간이 섣불리 다가오더라도
어떤 연결고리도 원하지 않는 팬이라면, 나의 행동을 이해해 주시리라 믿습니다.

(2000년 7월 25일)

정적을 만든 그 한 마디

경주 산내의 소호라는 촌으로 여름과학캠프를 갔었다. 중학교 1학년 학생들과 우리 학교(장전중학교) 과학 선생님들 모두가 자연과 함께 한 시간……. 저녁을 먹고 난 후 휴식시간, 우리들은 밖에 자리를 깔고 하늘을 보며 도란도란 얘기를 하고 있었고, 학생들은 그들의 숙소에서 쉬고 있을 시간…….

숙소 창으로 보니 조금 언덕 높은 곳에 고등학교 학생들이 남녀 섞여 한 여남은 명 놀고 있고, 걔들도 우리 학생들 쪽으로 관심을 보이고 있었다. 밖에서 들으니 그들의 대화가 참 재미도 있다. 우리 학생들은 걔들을 보고 누나라고 부르고, 누나라면서 말을 거는 꼬맹이들을 그들 고등학생들도 귀엽게 여기면서 재미나게 얘기들을 나눈다. 그러다가, 결정적인 정적을 만든 한 마디……. 아직도 선명한 그 한마디를 아직도 잊을 수 없다. 도대체 무슨 말을 했기에…….

"누나~! 인문계라요?"

이 한마디가 나오자, 그 뒤를 이어 나타난 절대 정적…….

(2001년 7월 20일)

동태찌개-1

식당에 늦게 들르신 박범식 부장 선생님께서 국을 휘휘 저으시더니

"왜 내 국에는 동태가 없냐 말이야!"

이러시더라고. 나도 부장 선생님 국의 상태를 보았지. 정말 건더기가 하나도 없더군. 그래서 나도 한마디 했지.

"정말 동태 파악이 안되네요."

(2002년 4월 6일)

단속중

이정혜 선생님, 최미진 선생님, 이계자 교장 선생님, 나. 이렇게 네 명이서 수련회 장소 사전답사를 가는 길이었지. 합천 어느 근처를 지나는 중에 '단속중'이라는 간판을 보고 내가 던진 한마디…….

"저 중학교는 전국 어디에도 없는 데가 없더라."

잠시후, 이정혜 선생님과 최미진 선생님이 웃음…….

다시 한마디

"학교 마크도 꼭 같고……."

말이 끝나기 무섭게 이정혜 선생님과 최미진 선생님이 폭소……. 그래도, 교장 선생님께서는 무슨 소린지 몰랐던 모양이다. 약 1분여의 시간이 지난 후, 이제야 교장 선생님께서 그 말의 의미를 아셨는지

"그래도, 저 학교는 다 국립이다."

다들, '푸하핫……'.

(2003년 3월 30일)

아버지 추억-1

아버지께서 해 주셨던 이야기 한 토막.

어느 날 서울로 대학에 다니는 아들이 시골로 내려왔다. 오랜만에 만난 홀어머니와 아들은 정담을 나누었다. 아들은 어머니에게 고민을 털어놓았다.

"어머니, 제가 객지에서 혼자 살다보니 남모를 병이 생겼어요."

어머니는 아들이 병이 생겼다기에 걱정어린 눈빛으로 아들을 보며 어떤 병인지 물었다. 아들은 조금 망설이다가 바지를 걷어 무릎을 보여 주었다.

"어머니, 제 무릎을 보세요. 여기 이 뼈가 제 맘대로 놀아요."

과연 아들의 말대로 아들의 무릎뼈가 아들이 만지는대로 왔다 갔다 하고 있었다.

"야야! 아들아! 어쩌다가 이렇게 되었노?"

"어머니, 그런데 좀 돈이 들어서 그렇지, 못 고칠 병은 아니래요."

"그래, 얼마나 든다 하던데?"

"300만원이면 된다고 해요."

홀어머니는 장농 속에 꼭꼭 숨겨 둔 돈도 꺼내고, 이웃집에서 돈을 빌려서는 아들의 병을 고칠 돈을 마련해 주었다.

반년이나 지나 시골집에 내려온 아들에게 홀어머니는 가장 먼저 무릎 소식을 물었다. 아들은 바지를 걷어 무릎을 보여주는데, 아들의 무릎뼈가 이젠 전혀 움직이지 않았다.

"어머니, 이것 보세요. 완전히 나았어요."

(여러분들도 한 번 해 보세요. 단, 한 번은 무릎은 편 채로, 한 번은 무릎을 굽힌 채로)

저녁 8시 경 갑작스레 지펠급 냉장고 같은 휴대폰이 소리를 내었습니다. 드문 일이었습니다. 한 손으론 핸들을 한 손으론 가방을 마구 뒤적였습니다. 소리가 네 번이나 지나서야 겨우 '여보'세요를 외칠 수 있었습니다. 그가 '여보'인지 아닌지도 모르면서요. 그 쪽에서도 그 쪽의 '여보'가 아닌지 숨만 한 번 쉬고 전화를 끊더군요.

라이센스

내가 이 학교 와서 처음 낸 시험 때였네. 아니다. 여기는 첫 발령지니……. 다시 와서 처음 낸……. 좀 정성을 쏟아 낸다고 워드를 이용하지 않고 손으로 써서 내었지. 그림 같은 것도 일부는 그리고, 일부는 복사하여 붙이고……. 시험을 마치고 아이들이 묻더군.

"선생님! 선생님은 왜 워드로 안 내었어요?"

나의 대답

"운전하는 사람은 운전면허증 있어야 되겠지? 난 워드 자격증 없거든……."

거의 할 말을 잃은 군중들…….

(2003년 4월 20일)

크레이지 아케이드

아이들이 크레이지 아케이드에 열중하고 있기에 나도 그게 어떤 건지 알아보고 싶었지. 마침 세이에 최아란이 놀고 있는데 알림말이 크아(크레이지 아케이드의 준말)에 관한 것이기에 쪽지를 보냈어.

'크레이지 아케이드 어떡하는지 갈켜 줄래?'

이럭해서, 인스톨도 시키고, 여러 과정을 거친 다음에 같이 시합을 하기에 이르렀지. 크레이지 아케이드 해 본 사람은 알거야. 그 시퍼런 물줄기를 피하기 위해 겪는 초보 때의 아픔을……. 하여튼 엄청 고수하고 붙었으니, 물줄기를 피하기가 쉽진 않더군. 이리 저리 쉽게 공격하는 것과, 적당히 예상한 곳에서는 어떡해서든 피해 내는데,

한번은 전혀 예상치 못한 곳에서 물줄기가 갑자기 공격해 오는 거야. 난 급한 마음에 키보드를 팽개치고 그냥 내 손으로 모니터를 덮어 내 아이템을 가려버렸지.

ㅠㅠ 썰렁한가? 이것 학생들에게 얘기해 주었더니 엄청 웃던데…….ㅋㅋ

(2003년 여름)

가이아의 향기

이 책의 저자와는 서로 아는 처지이다. 저자로부터 책이 나왔다는 전화를 직접 받았다. 홍보 차원에서 한 전화였지만, 지질학을 재미있게 설명한 책이 나왔다는 것에서는 지구과학도로서 매우 기쁜 일이었다. 전화를 받은 다음 날 소포로 보내온 '가이아의 향기'를 하루 만에 다 읽어 내렸다. 저자에게는 학회나 세미나에서 보여 주던 정열적인 질문과 답변에 평소 존경을 갖고 있던 터라, 이 책을 보고 더욱 저자의 방대하고도 깊이 있는 지식에 감탄을 금치 않을 수 없었다. 또한 저자가 겪었던 체험이 그대로 묻어 나와 있어 책은 더욱 가치를 발하였다.

'가이아의 향기'는 소제목으로 '신화, 역사, 그리고 지구'를 쓰고 있다. 신화 속의 이야기들을, 역사 속의 이야기들을 지구과학의 최신 지식들과 접목하여 수필 형식으로 서술하고 있다. 한 편의 수필을 읽는 동안에 우리는 신화를 알 수 있고, 역사를 알 수 있고, 그리고 최근의 지구과학에 관한 지식들을 습득할 수 있다. 그것도 저자가 서문에 밝힌 바와 같이 어린아이들에도 쉽게 읽힐 수 있게 되어 있어 별 부담이 없이 읽어 내려 갈 수 있다.

– 우리의 신화와 역사에서 지구과학적으로 풀이될 요소를 찾아보자.

– 지질학적인 영역에서 나의 진로를 모색해 보자.

– 우리 주변의 자연 환경을 잘 살펴보고 책의 내용에서 연관된 점을 알아보자.

(2003년 12월)

좌우명

2003학년도 발간 금양중학교 교지 '구월산', '선생님, 우리들의 선생님' 코너의 설문.

1. 선생님의 좌우명은?

나의 답 : 오른쪽이 87, 왼쪽이 96.

오른쪽 손금으로 판명하면 87, 왼쪽 손금으로는 96.(命말입니다)

(2004년 2월)

변화와 모색

1. 평형이 급변한다.

1993년, 대학교를 졸업하고도 7년이나 지나서 무슨 청승이었는지 대학원에 진학을 하였다. 공룡 연구하면 우리나라에서 남 뒤에 서기 서러워하는 학자의 수업을 들었다. 거기서 맞닥뜨린 최대의 난제는 'punctuated equilibrium!' 이것을 어떠한 말로 바꾸는 것이었다. 뒷부분이야 '평형'으로 간단히 해결되지만, 대체 '구두점을 찍다.'라니? 그 내용을 상상하면 이럼직하다.

토인A 집단이 있었다. 토인A 집단의 인구가 늘어나자 집단 중에서 일부는 도태되고, 그 과정에서 이주가 생긴다. 새롭게 다른 지역으로 이주한 토인A 집단은 새로운 환경을 개척하고, 그 환경의 도전에 대한 적절한 응전으로 새로운 환경을 이긴다. 오랜 세월이 지난 후, 이주한 집단은 원래의 토인A 집단과는 다른 생활 습성, 신체 구조를 가진 집단으로 변모한다. 이래서 토인B 집단이 생긴다. 토인B 집단에서 분리되어 나온 집단은 토인C, 토인D로……. 오랜 세월이 지나 토인X에서 이주한 토인Y가 아직도 변화(진화)가 되지 않은 상태의 토인A의 영역으로 이주하게 된다. 결과적으로 토인Y는 토인A에서 나왔으나 토인A에 비해 더욱 강한 종족이 되어 있다. 토인A는 멸종을 한다.

더욱 오랜 세월이 지나……, 인류학자가 서로 다른 퇴적층 속에서 점진적이지 않은(급변적인) 서로 다른 두개골을 발견한다. 아래의 층에서는 토인A의 두개골이, 조금 위에서는 토인Y의 두개골이 나온다. 처음에는 전혀 다른 인류의 조상이 한 장소에서 나왔다고 분분한 의견들이 쏟아지나, 위와 같은 생각이라면, 가능한 설명이다. 진화는 점진적으로 이루어지나, 한 영역에서의 미씽 링크(missing link)를 해결하지 못한다면 평행 상태는 급변한다.

'punctuated equilibrium'은 평형(균형)의 급변이었다. 'punctuate!' 점을 찍는 것은 영어의 'point'보다는 독일어의 'punkt'와 더 닮아 있으니 이것은 급작스런 바뀜이다. 평형이 급변한다는 것(평형급변론)은 인류의 진화를 설명하는 여러 설 중에서 하나이고, 결국, 인류의 진화는 새로운 환경이라는 도전에 생존을 위한 응전을 하여 이루어질 수 있다는 것인데, 이 '도전'과 '응전'의 가치를 이야기한 역사학자 이름이 그 사고의 출발인 토인B와 같은 토인비라 하는 것은 사고의 급변이다.

2. 눌러주면 그 힘을 받아 복원될 수 있다.

하나, 세월이 지나면 인간의 기억은 흐릿해진다. 그렇게 오랜 세월이 지났으니 역사로 남겨지지도 않은 역사는 전설이 되고 신화가 된다. 둘, '그들의 언어를 혼잡하게 하여 서로 알아듣지 못하게 하고 그들은 온 지면에 흩어지게 하라.' 다름 아닌 창세기에 나오는 바벨탑의 이야기다.

과거에도 식민 지배를 하는 민족과 당하는 민족이 있었을 터이고, 식민 지배를 하는 민족은-우리가 당했을 때의 그들처럼-그들의 언어를 사용하게 하고 나중에는 그들의 종교를 강요하게 하였을 것이다. 천신 사상을 가진 민족이 그렇지 않은 민족을 지배하게 되었다. 먼저 서로 언어가 다르니 지배 민족의 언어를 강요하였을 것이다. 그리고 나중에는 그들의 종교 제단을 피지배인들을 착취하여 만들었을 것이고 그들의 종교가 그러하니 제단은 '하늘에 닿고자' 만들어졌다.

오랜 세월 동안 이어지는 착취 속에 피지배 민족 중에서 드디어 지배자들에 대해 반발하는 세력이 나타나고, 그들은 노동을 거부하며 그들의 본래의 언어를 사용하려 하였다. '하늘에 닿고자' 만든 제단은 결국 지배자 쪽의 언어와 반발 세력 간의 언어로 다시 분리되고 그와 더불어 강렬한 민족주의 운동으로 더 이상 만들어지지 않았다. 이것이 높은 곳과 낮은 곳의 언어가 혼잡하게 된 진실이러니.

3. 때로는 아무렇지도 않게 변해버린다.

불가리아는 옛날 내전이 끊이질 않았다지. 전쟁으로 인하여 젊은이들은 계속 전쟁터로 차출되어 나가고 동네에는 일을 할 수 있는 사람이 적어지는 정도는 아무것도 아니었다지. 아예 씨가 마를 정도로 사람이 죽거나 다쳐서 돌아오니 아들 가진 사람의 걱정은 어떡했겠어. 그래서 꾀를 낸 거지. 온갖 서류상에 남을 나이를 고친거야. 적게는 다섯, 많게는 열 살, 스무 살도 더……. 전쟁은 결국 끝이 나는 거야. 뭐 누러갈 때 맘과 돌아올 때 맘 다르다고, 사람들은 고친 서류에 대해서는 아무 생각이 없었던 거야.

좀 더 세월이 흐른 후, 서방의 어느 기자가 세계적인 장수촌을 취재하는 중에 이 마을이 선택된 거지. 그리고 그 기자는 장수 뿐 아니라, 나이조차 더 젊어 보이는 노인들 앞에서는 놀랄 수밖에 없었던 거야. 장수의 비결을 묻는 기자에게 그 노인들이 바른 말을 하긴 어려웠겠지!

"하하하! 우린 요구르트를 항상 먹어왔지요."

애초 요구르트는 한국에서는 팔리지 않을 것이라 판단된 식품이었다. 명실상부한 '발효 식품의 나라'요, 김치만 하더라도 요구르트보다 더 많은 유산균이 득시글한 것이니 그 판단은 틀리지는 않았다. 잠복기간이 평균 10년인 HIV(에이즈 바이러스)를 15년짜리로 만들고, 그것도 부족해 능력(?)까지 약화시켜 '변형한국형HIV'를 만들어내는 한국인의 몸이다 보니 어떤 것이 마다되겠는가!

4. 경쟁이 변화를 주도한다.

'귤화위지'. 남쪽의 유자를 북쪽에 심으면 탱자가 된다는 말이다. 내가 잠시 살았던 독일의 프라이부르크에서의 개나리는 한국에서의 그것에 비해 노란색을 그렇게 뽐내지 않았다. 원산이 한국인지라 그곳에 옮겨져서 심어진 것이라 짐작되니 유자가 탱자 되듯이 그 색깔이 퇴화되었음이라.

내가 사는 한국의 식물들은 어찌 그러한가? 같은 은행잎인데도 한국의 은행잎에서는 징코라이드, 프라보놀 같은 유효 성분 함량이 다른 나라의 것보다 스물에서 백배나 더 높다고 한다. 오가피나무의 유효 성분은 중국산, 러시아산보다 3배나 된다고 한다. 고려인삼만이 다른 나라 인삼 재배 농가의 표적이 되는 것은 무슨 이유이며, 남방에서 놀던 조기가 서해에 와서야 비로소 '조기'다와지며, 베링해의 명태가 동해에서야 비로소 '명태'다와지는 이유는 또 무엇일까?

좀 멀리 빙하기 시대까지 거슬러 올라가 본다. 마지막 빙하기, 빙하는 유럽 전역으로 덮치고 유럽의 많은 동식물은 멸종의 길로 들어선다. 빙하는 일차적으로 우랄이나 알타이 등의 산맥이 막아주었고, 극동의 대륙 끝에 붙어 있는 우리나라에는 전혀 빙하가 침탈하지 않았다. 결국 동물이나 식물은 오랜 시간을 두고 서서히 천이를 하였지만 그 기항지의 마지막 땅은 빙하가 덮지 않은 대륙의 끝, 지금의 한국이었을 것이다. 좁은 면적에 많은 생물 종이 모였으니 경쟁은 필연. 아마 식물들 사이에서도 동물들 사이에서도 치열한 경쟁이 벌어졌을 것이며, 그 중에서 끝내는 강한 종만이 견디었고, 견디지 못한 것은 변하였거나 멸종 하였을 것이다.

경쟁의 과정에서 살아남은 강한 종자들이기에 그렇게 다른 뭔가를 가지고 있지 않았을까? 수확량은 많은데 줄기가 약한 밀을 강한 줄기의 밀로 만드는데 한국산 호밀의 유전자가 사용되었고, 아름답지만 그 크기가 작았던 중국 원산의 백합을 지금처럼 크고 아름답게 만드는데 한국산 참나리의 유전자가 사용되었음은 우연이 아닐 것이다.

감기만 걸리면 생강차를 다려 자시는 지인이 있다. 옆에 같이 있을 때면 얻어 마실 수 있었는데, 주먹만 한 중국산 생강을 열 개나 넣은 차 맛이 한국산 겨우 손가락 네 개 정도의 생강에도 미치지 못함이 어찌된 연유인지 위 이야기들이 사실이라면 이해가 된다.

5. 믿기지 않는 사실에는 변화가 있었다.

일전에 '이규태 코너'를 읽었던 기억이 있다. 한국인의 '작은 창자'는 세계에서 유래없이 길어 세계 평균보다 무려 1m나 더 길다고 했다. 그리고 그 원인을 유래 없이 기나 긴 농경문화로 돌린 어렴풋한 기억이 난다. 농경문화로 그러하다면, 오직 여기뿐이었는가? 여기에서 의문은 그대로 남는다. 나의 사고는 여기서 더욱 가지를 칠 수 밖에 없었다.

안동 하회마을에서 보았던 40cm가 넘어 보이는 유성룡의 신발, 그와 동시대를 살았던 이순신 장군이 사용하셨다는 장검. 이 모두는 도저히 현재의 한국인의 모습을 떠올리기에 어려운 점이다. 생각은 더욱 오르락내리락 한다. 6척이었던 강감찬 장군이 단신이었다고? 현재의 도량형대로라면 180cm의 큰

키를 단신이라 하였다는 것이니……. 역사서에서는 8척 장신이란 문구가 많이 나오니 8척이나 되어야 장신 축에 들었던 민족이었다. 지금에서는 우리와 그렇게 차이가 나지 않는 일본 사람을 일컬어 작다는 표현으로 '왜인'이라 주저치 않았고, 오늘에 와서는 세계 최장신 이명훈이 바로 우리 민족이지 않은가?

거슬러 올라가 '허신'의 '설문해자'에 보면 '동이(東夷)는 대(大)를 따랐다. 대인(大人)이다.'라고 했으니 '동이'는 곧 우리 민족을 이야기함이요, 대인이란 또한 큰 사람이 아니겠는가? '맥궁'이니 '단궁'이니 하는 전해지지 않는 신비의 활이 있었다는데, 이는 사거리나 강함이 다른 활에 비견하기 어려울 정도의 활이었으니 역사서에도 남았을 것이다. 그런 활은 과연 어떤 사람이 쏘는가? 대인(大人)이기에 시위를 당길 수 있었을 것이다.

어느 인류학자가 그렇게 이야기하였다. '일찍이 활을 잘 다루는 민족이 있었으니, 한국과 이스라엘이다.' 물론 그는 한국에서는 장영주, 정경화를 이야기하였고, 이스라엘에서는 이차크 펄만을 두고 이야기했다. 하지만 그는 한국의 활 전통 속에 지금은 그렇게 옛날처럼 크지 않은 민족의 이야기가 숨어있다는 것은 몰랐을 것이다. 고려가요에서는 그렇게 읊고 있다. '위 두어렁셩 두어렁셩 다**롱다리**'. 그렇게 고려시대 사람들은 컸었던가 보다.

6. 변화는 돌고 돌고……

서양 문화에서 가장 앞섰다고 하는 수메르의 문화와 우리의 뿌리인 동이족의 문명은 사뭇 닮아 있다. 두 문명을 일으킨 종족은 모두 머리털이 검고 곧으며 뒤통수가 서양인들에 비하면 평평하다고 한다. 두 민족은 모두 설형문자를 사용하고 태음력을 사용하였다. 두 민족의 언어는 단어와 단어를 토씨로 연결하는 교착어이며, 모두 순장을 강요하였으며, 모두 회색 토기를 사용했다.

수메르족은 메소포타미아에 '부도지'에서 이야기하는 마고성과 천산의 모양을 닮은 '지구라트'라는 탑을 쌓았다. 천산은 '부도지'에서 황인종의 조상이 도읍을 한 곳이라 이야기하고 있고, 수메르족이 그것을 닮은 탑을 쌓았다는 것은 이주한 민족이라는 것을 강력히 암시한다. 지구라트는 길이가 200피트, 넓이가 150피트, 높이가 70피트로 성경의 바벨탑이 이것이 아닌가 하는 이도 있다. 앞서의 바벨탑의 전설과 비교한다면 이주한 민족의 민족 신앙으로 쌓은 탑인 것이다.

'삼성기'에서는 '파나류산 밑에 한님의 나라가 있으니 천해 동쪽의 땅이다. …… 그 땅은 넓어 …… 통틀어 말하면 한국이요 갈라서 말하면, 비리국, 양운국, ……, 수밀이국이니 합해서 12국이다.'라고 한다. 수밀이국은 그들이 거주하던 남만주, 요동을 떠나 소련의 사마르칸트를 거쳐 이라크 북부지방에 들어가 정복활동을 벌였다. 이들이 곧 독자적인 문명을 갖고 있던 곳으로 와서 수메르문명을 꽃피우지 않았을까?

성경에 보면 야곱의 아들이 12명이고 제일 막내였던 요셉이 애급(이집트)으로 가서 총리가 됨으로써 야곱의 집안이 뒷날 굶어죽는 것에서 모면한다. 그리고 그 흉년 동안에 애급으로 피난했던 히브리-이스라엘 민족의 후손들이 번영하여 모세와 함께 민족 이동을 단행하게 된다. 한국(동이) 12국의 막내격이었던 수밀이가 서남쪽으로 이동하여 수메르문명 혹은 메소포타미아 문명를 일으키고 다시 바빌로니아 문명을 거치고…….

훗날 유태민족주의자 모세는 애급의 문화 속에서는 종족 보존조차 힘들게 되자 민족 보존과 계승을 위해 십계명과 모세 오경을 받아내고 민족 대이동을 단행한다. 이 때의 민족신 '야훼' 혹은 '여호와'는 수밀이국의 조상신 '여와'와 그 어감이 다르지 않으니, '여와'란 전통 조상신을 모시던 수밀이국의 남서진 정복활동, 수메르문명의 발전, 민족주의자가 이끄는 민족 대이동, 그리고 그들이 승화시킨 조상신 야훼. 이 모든 것들이 우연이라 생각하기에는 일찍이 활을 잘 쏘는 민족으로 한민족과 유대인을 거론한 한 인류학자의 말이 너무 뇌리에서 떠나지 않나니…….

****

역사 속에서 세상은 강자의 사고로 지배당하였고, 약자의 강변은 흔적으로만 남았고 그조차 점차 희미해진다. 또는 그 존재조차 모두 사라져 버리기도 했다. 우리 앞에 갑자기 나타난 변화 중에는 그런 이유로 숨겨질 수밖에 없었고, 갑작스러울 수밖에 없었던 '어떤' 필연이 있을 것이다. 나의 글은 그 필연을 모색해 보는 과정이다. 그러할 수도 그렇지 않을 수도 있는 이야기이다.

나에게 다시 반문한다면 모두 옳은 이야기라고 대답하겠지만, 위 글을 차분히 읽은 혹자는 지독한 국수주의의 헛된 망언이라 비난할 지도 모르겠다. 고구려를 자기네의 역사 속으로 편입시키는 중국이나, 호태왕 비의 비문을 정으로 쪼아서라도 가야를 자기들이 지배했다고 하는 일본의 주장들에 비하면 나의 이야기는 지극히 순한 것이나, 혹 믿을 수 있다면 세계 지도를 뒤집어 보지 않더라고 내가 있는 이곳이 세계의 중심임을 인식해야 한다.

(2004년 2월)

범어사로 사생대회를 갔다. 나도 한 장 그렸다.

집에 와서는 채색도 하였다.

가을이 아니었는데도 가을 같다.

가슴이 아린 푸르름을 간직하고서

추억의 그루터기

그 해 가을 태풍 매미로 바닷가 마을이 물에 잠기고…
우리 교실 뒷 편의 삼나무도 쓰러져
여기 베어낸 그루터기로만 남았습니다.
옛날로 돌아갈 수는 없겠지요.
먼 훗날에 힘든 여정에 때론 지쳐 잠깐이라도 위안을 얻으려
이 앨범을 펼쳐 보십시요.
그리고 추억의 장소를 찾아 잠시 쉬십시요.
옛날 그 장소에 그대로 추억의 그루터기는 있고
내 어린 시절의 그 순수가 느껴지면 다시 일어서
힘을 얻어 다시 나아가십시오.

(2004년 2월 19일)

남기는 말

괜한 말들을 해 가지고 곤혹스러웠을 때도 있었지……. 찜질방 얘기는 왜 했을까? 특활부 신청에 거의 우리 반 전부가 '찜질부'가 나온 걸 보고 교무실에서 선생님들은 얼마나 웃었던지…….

괜한 말들은 연일 이어졌다. 그것들은 결국 약속으로 이어졌고, 약속을 지키지 못할 시에는 변명이 있어야 하기에……. 변명보다는 약속을 지키는 것이 쉬워, 그래서 자꾸만 일이 생기더군. 쑥캐러 간다며 학급회(?)시간에 뒷동산에 올라간 일, 토요일 오후 다른 반들은 모두 집에 가는데, 우리끼린 청승스럽게 뜰에서, 스탠드에서 밥해 먹은 일…….

괜한 말들의 절정이 진우도라는 무인도에 간 것이다. 야영을 하자고는 해서 결국 야영을 하지 못했지. 하려면 다 함께 하고픈 마음이었는데, 다리를 부러뜨린 두 명을 포함하여 뭔가 주저할 수 있는 요소들이 생기더군. 그렇게 1학기를 지내버렸다. 방학 동안 좀 미안하기도 하고……. 그래서 개학을 하자마자 진우도 잠입 사건을 시작한 것이지.

○○○ : 도서생활권 2장, 현금 1000원, ◇◇◇ : 현금 20000원, 하나로카드, 동전 몇 개, □□□ : 하나로카드… 이게 뭔지 아니? 기억하기 싫은 그 날의 도난물품이야. 알면서도 어찌하지 못할 어려움의 시기가 그 때였어. 너희들도 지금 생각해보면 그 날 일을 까마득히 잊었지 않니? 세월이 약이기도 하거든.

유달리 비활동적이고, 끼리끼리 따로따로 놀던 네들이 한 번 엄청 큰 바위덩어리처럼 모인 적을 기억하니? 그래, 바로 금양제 체육대회 줄다리기……. 하기도 전에 아예 질 것이라는 너희들의 예상처럼 제일 첫판에 보기 좋게 지더군. 그래도 담임이라고 그대로 다음 판을 지고는 '원래 그래!' 할 너희들을 보기 싫었던 모양이야. 아마, 내가 먼저 너희들에게 다가들었던 처음이자 마지막이라 생각한다. 난 줄을 잡는 너희들 곁으로 갔지. 줄을 잡은 대열을 조정해 주고, 약간의 노하우를 얘기해 주고는 줄을 당기기 시작하자 다른 사람에게는 보이지도 않게 연방 손을 아래로 흔들어댔어. 너희들은 지면 다음 판은 이기고 해서 차례로 다른 반을 이겼어. 쉬지도 못하고, 팔에 힘이 빠져도 뭉치면 할 수 있다는 생각들은 점점 더 생겨가더군. 전교 최강 약체반이었는데…….

덩치들의 집합 7반을 만나지 않았으면 우린 아마 줄다리기 결승에 우리는 올라갔겠지. 최초로 다함께 한 너희들이 대견했었어. 그땐…….

73일! 이것은 수업 일수 3분의 1이지. 수업 일수 3분의 1을 넘겨 결석을 하면 어쩔 도리가 없어. 진수!! 졸업식 날 72일과 3분의 2라는 대기록을 세웠어. 넌! 이젠 그래선 안 돼. 거긴 더 냉혹한 곳이거든. 네 출석일수를 맞추려고 졸업식 앞날, 선생님은 출석부에 부적을 붙였어. "제발, 선생님들! 이 학생에게 줄을 긋지 말아주세요!" 기적은 그 날 이후 네가 하루도 결석을 하질 않았다는 것!

그렇게 아옹다옹 못 잡아먹을 것처럼 하다가다 그~음방(금방은 아니구나.) 되돌아서 좋아 미치는 게 친구야. 멀리 보고, 넓게 보면 정말 아무 것도 아니거든. 당장 눈앞에 보이는 것을 위해 그렇게 싸우지 않았으면 했는데, 1년 동안 사소한 것들 빼곤 다들 친하게들 지낸 것에 선생님은 고마워. 3년 뒤 제 1회 반창회, 20년 뒤 첫 번째 타임캡슐 개봉 날에 서로 만나 옛 추억들 진하게 나누길………

유달리 출장이 잦은 담임을 만나는 덕에 철저히 자율적인 반장이 되어버린 안반장 을령, 그리고 협력꾼 부반장 미나, 정윤, …… 고생 많으우이. 원래 학년 초에 그랬잖아! 너희들이 선생님을 챙겨야 할 것이라고…….ㅎㅎ

2004년 2월 29일, 산에다가 우리의 타임캡슐을 묻었어. 앞으로 여기에 3년은 더 있으니 가끔 올라가서 자주 자주 다독거려 두어야지. 2024년 2월 24일! 1차로 개봉을 할 그날을 생각하며 산을 내려오는데 금정산 꼭대기에서 이제 마악 해가 지더군. 너희들과의 1년도 이에 완전히 마무리되었어. 고등학교에 가서 더욱 정진해. 한 명! 한 명! 기억을 더듬으며 한 마디씩 해 주고 싶지만……. 그리고, 더 많은 숨은 얘기들이 있지만…….

(2004년 3월 1일)

장학사-1

장학사가 온 날인데 마침 아이들은 수업 준비를 해 오지 않았다고 한다. 이런 '초 난감…^^;;' 그래서 할 수 없이 내가 앞에 나가서 했다. 그럴 땐 항상 하던 대로

"자! 질문 있으면 하세요……."

학생들이 질문을 시작했다. 질문에 대한 답을 하는 과정에서 '원소의 주기율표'가 나오게 되었고, 칠판에 좌악 좌악 쓰는 것을 보고 놀란 아이 중 한명이,

"선생님! 그거 다 외어요?"

하고 묻는다.

"그럼~ 당연히 외우지요……. 그런데, 이거 의외로 쉬워요."

간단히 외우는 방법들을 보여준다.

"먼저 수소하고 헬륨하고 제일 꼭대기에 적은 다음에……. 그 다음 줄에 '리베비씨엔오프네' 이렇게 원소기호 읽히는 대로 적고는 그 다음에……."

"리나칼루세프, 베마……."

세로로 좌악 좌악 적으면서 읊고 있는데 그때 마침 여자 장학사님이 교실로 들어오신다. 그것도 마침

"붕알갈린~탈"

요럴 즈음에……. 그 말을 장학사님께서 듣자마자… 그만 교실을 나가버리셨다. 조금 더 수업을 살펴보지를 않고 왜, 그만 나가버리셨지? 그것도 얼굴이 약간 상기되어서 말이야!?

(2004년 3월 14일)

오류

강인숙 선생님이 자기가 만든 아래한글 파일이 인쇄가 안 된다고 나에게 좀 봐 달래네. 그래서 봐 주었지. 그냥 한참을……. 뭐하냐기에

"보고 있어요."

그랬지.

"샘, 장난 그만치고……"

내가 '프린터'를 열어보니 파일이 오류가 나 있는 거야. 그래서 그랬지.

"에이, 안 좋은 프린터 쓰니까 그렇잖아요?"

"이거 새 프린턴데요."

"아녀요. 안 좋은 거예요. 좋으면 일류지 왜 오류겠어요."

(2004년 10월 9일)

두유

오늘 시험 감독을 하였네. 첫 시간 과목은 영어였지. 시험지 마지막에 'Do Your Best & Good Luck!'이라 적혀 있더군. 시험지를 다 나눠주고 그랬지.

"두유가 제일 좋은가보지?"

학생들이 무슨 소린가 모르더군. 난 시험지에 크게 인쇄된 그걸 보여 주었어.

"봐! 두(Do) 유(Your)가 제일(Best)이라잖아!"

"우하하…"

"하이 개그다."

또 한 학생이 묻더군.

"선생님, 몇 장이에요?"

난 또 Do Your Best를 들면서,

"두 장, 너희들을 위하여 (Do, Your)"

(2004년 10월 9일)

쪽팔림이란?

행정실 과장님이 학교 디카하고 메모리카드 리더기를 이틀만 빌려달란다. 뭔가 좀 뽀대나게 할려고 디카를 빌려 달라는가 본데 아무리 생각해도 그건 아니다. 문선영 선생님도

"그건 너무 허접한건데…"

이런다. 부장 선생님은 빌려주라는데 그럼 어떻게 얘기할까 한다.

"과장님, 이거 가지고 가면 더 쪽팔릴 건데요."

이렇게 얘기하라고 했더니 부장 선생님이 인터폰을 통해 그렇게 얘기한다. 그 후론 행정실에서 아무 반응이 없다.

(2004년 10월 9일)

밤

교육과정부 자리에 삶은 밤이 있다. 오늘도 여전히 섹션 순환을 하고 있다가 밤을 발견하였다. 몇 개를 쪼개어 먹으면서 가장 어두운 색의 밤 하나와 밝은 색의 밤 하나씩 꺼내었다. 그리고 거기 선생님들께 여쭈었다.

"선생님, 이거 두 개의 차이점을 알아요?"

선생님들이 의아해 한다.

"뭔데요?"

"어두운 밤과 밝은 밤이에요."

선생님들은 아직도 적응이 안 된단다.

(2004년 10월 9일)

교육과정부

교육과정부에 영어 원주민이 한 명 왔다. 난 항상 원주민이라 불렀다. 원어민을. 이름이 콜터니다. 코를 왜 털어? 털긴……. 그 섹션에 내가 요즘 쫌 가기 어렵다. 왜? 톨킹 어바웃이 안되거등! 근데 원주민도 모르는게 있더군……. 내가 거기 가서 물어보았지!

"교육과정부, 요걸 영어로 뭐라 하는지 알아요?"

그 섹션에 유독 영어 선생님들이 많은데 좀 버벅대더군. 그래서 내가 답을 얘기해 주었지…….

"Education and Government"

우하하……. 이해하시는 분은 이렇게 웃고…….

(2004년 10월 9일)

벼슬

등산을 하고 하산하며 내려오는 길에 우린 넓직한 바위를 하나 만났지. 좀 쉬어 가기로 하고 다들 앉았는데, 이재영 선생님(4학년 총무; 비담임의 모임을 4학년이라 했다.)의 임시 기간이 끝나서 이방미 선생님이 11월부터 다시 학교에 나온다는 얘기가 화제더군. 난 지난 얘기를 했어.

"내가 이방미 선생님하고 저번에 동현중학교에 같이 근무했었거든요. 그 학교에선 벼슬한 선생님들이 많았었는데, '장관' 숙, '이방' 미…"

다들 하하……. 좀 뜸을 들이다가

"그런데, 내가 제일 계급이 높았어요!"

다들 무슨 소린지 모른다. 난, 자신있게 외쳤지.

"'성종' 규"

다들 우하하……. 이젠 성종이 화제다. 성종한테 그렇게 여자가 많았다면서……. 그러자 난

"그럼 난 지금 벌 받고 있는 거네."

다시 우하하하하

(2004년 10월 9일)

금정산 북쪽에서 고당봉을 오르기 전에…

진주에서 출발한 차가 함안을 들어서니 마구 밀리기 시작했습니다.
내리막길도 아닌데 말입니다.
내려서 꼭 잡고 있어야 안 밀리는데, 뒤차 눈치로 내리지도 못하고…

새벽 등산

어스름이 잦아들 때까지 오르련다.

달도 없는 날에
구름이라도 잔뜩 끼어
별도 없는 새벽이면

길은 다가갈수록 알 것 같고
또 다가갈수록 모를 것 같다.
갈라졌는가 싶으면 다시 모이고
모인 길은 다시 갈림길이 되어

하얀 옷이라도 입은 사람을 만나면 모골이 송연할 길을
반은 눈을 감은 채 몽유하니
내 기꺼이 오르는 이유는
어스름이 잦아들기를 기다리는 때문이다.

편안하여 넓적한 바위라도 만날라치면
언제나 내 그 자리에 앉아
못다 이룬 새벽꿈을 이어보리라.

그러면 산길은 더욱 꿈길이 되어
나에게 더할 수 없는 안락을 주나니

아직도 어스름은 등산객을 주저하고
내 새벽길 산 오름은
내 안락을 위하여
이렇게 시작된 것임에
잦아들기를 기다리는 나의 의식은
밝음을 기다리면서도 어둠을 붙잡고자 한다.

그러나 이제 내려가리다.
밝음이 완연할 때까지 산길을 내려
내일은 다른 길을 걸으리라.
내일은 또 다른 길을 찾으리라.

(2004년 10월 9일)

마늘

이번 금요일은 시험 기간이었는데도 불구하고 과학과 선생님만 오후에 남았네. 우리 학교 과학실 현대화 사업을 평가하러 오는 날이었거든. 뭘 먹을 거냐고 시키라기에 된장과 김치찌개만 된다기에 일단 김치찌개를 시켰지.

성갑순 선생님께서 김치찌개에 들어있는 마늘을 보더니 집에서는 그렇게 해 드시지 않는지

"마늘을 이렇게 넣는 거예요?"

이러시는 거야. 다들 허걱……. 내가 또 얘기하나 했지.

"이 식당 아줌마에게 내가 물어봤거든요. 도대체 마늘은 얼마나 자주 넣어요?"

이랬더니 아줌마가

"마! 늘~~"

(2004년 10월 9일)

시험 감독-1

이번 중간 고사 시험 감독할 때네. 요즘은 최대한 조용히 한다고 했는데, 딱 한 시간만 분위기가 흐트려졌으니…….여학생 한 명이 -무슨 과목인지 지금 생각이 나지 않네- 엄청 빨리 끝내고 엎드려 있어서 물어보았지.

"다 했어요?"

"예"

"대단한 거~얼"

남학생 한명도 엎드려 있더군. 그래서 물어보았지.

"다 했어요?"

"예"

"대단하안 뽀~이"

그 뒤로 분위기가 좀 이상해졌지.

성갑순 선생님이 시험 후 나에게 한 말씀하시더군.

"오랜만에 좀 조용하더니만, 오늘은 또 왜 그렇게 예전처럼 돌아가요?"

성갑순 선생님은 항상 내 옆 반에서 시험 감독하시거든.

(2004년 10월 12일)

상황버섯

아가피아 농원으로 가기 위해 네 거리를 지나는 길에 상황버섯 재배하고 파는 곳이 있지. 오늘 그 길을 지나는데 최미진 선생님이 상황버섯 얘기를 하더라고. 상황버섯을 세 번이나 다려서 뭐 어떻게 하였는데 먹지를 않는다는 둥……. 상황버섯은 다들 세 번 다려야 되는 줄 알고 있더군. 그래서 내가 한 마디 했지.

"그게 다들 세 번 다려야 되는 줄 알고 있는데, 사실은 상황에 따라 다르게 다려야 되어요."

웃더군.

(2004년 10월 12일)

배내골에서 민물고기잡이를 하였다.

하늘의 별

오늘 3학년 10반에서 수업할 때였네. 이번 월요일부터는 내가 수업을 하기로 했거든. 그래서 아이들의 환성! 환성! 별 이야기가 나왔지.

하늘의 별은 몇 개냐고 물어보았어. 얘들한테……. 뭐 셀 수 없단 얘기도 나오고, 눈으로 보이는 게 6000개라느니……. 뭐 판에 박힌 얘기들을 하기도 하더군. 난 어제 저녁에 세어보았는데, 모두 236개 밖에 없다고 했어.

아이들은

"에~이……"

난 칠판에 동그라미를 하나 그려서 하늘을 나타내고는

북쪽으로 남쪽으로 빽빽하니(100, 100을 쓰고는) 이백 개, 동쪽으로 서쪽으로 삼삼하니(3, 3을 쓰고는) 여섯 개, 중앙 하늘을 보니 별이 스물 스물한데(20, 20을 쓰고는) 마흔 개. 그럼 합이 이백 마흔 여섯 개 (246) 되어야 하는데 내가 아무리 세어도 이백 서른 여섯 개인거야……. 아침에 일어나니 갑자기 생각이 나더군. 그 이유가

"삼성에서 세 개, 칠성사이다에서 일곱 개 빌려간 거야. 그러니 열 개가 모자라니 이백 서른 여섯 개잖아."

"우하하……."

"선생님, 그거 지어낸 거지요."

그러자, 난 순진하게

"응, 지어내었어."

(2004년 10월 13일)

사탕

오늘 작삼회 모임이 있었네.(작년 삼학년 담임 모임) 이영옥 선생님이랑, 박미완 선생님 집들이 겸해서였지. 먼저 이영옥 선생님 댁에서 저녁을 먹고 박미완 선생님 댁에서 차를 마신다는 계획으로 진행이 되었는데 이영옥 선생님 댁에서 이영옥 선생님이 내가 모르는 나의 이야기를 알고 있네. 요지는 다음과 같음.

하루는 교무실에서 내가 이영옥 선생님께 주먹 쥔 손을 내밀더니만

"이게 뭐게요?"

이러더래. 이영옥 선생님은

"또, 이상한 거 아니예요?"

이랬는데, 내가

"어찌 알았지요? '이' 상하는 건데……"

하며 손을 펴니, 거기에 '사탕'이 있더래.

(2004년 10월 14일)

새집증후군

이젠 박미완 선생님 댁으로 옮겼지. 이영옥 선생님은 35평 박미완 선생님에게는 물어보지 않았는데 거의 이영옥 선생님 집 평수와 비슷해 보이데. 울 집은 33평인데…….

새집이어서 새집증후군 얘기도 나오고 거기에 새집증후군에 좋은 식물 얘기가 나오더군. 거 왜, '산세베리아'라는 거 있잖아……. 내가 얘기했지.

"좀 더 좋은 거 비싼 거도 있는데요."

"뭔데요?"

"비싼세베리아!"

(2004년 10월 14일)

커피

다들 뭐 드실 거냐고 하는데, 다들 커피를 주문하더군. 나도 좀 별난 취향이지만, 다들 커피 하니 나도 커피 주문. 그렇지만, 내가 항상 그렇듯이 곱빼기로… ㅋㅋ

나는 선생님들과 좀 떨어져 흔들의자에 앉아 있었어. 박미완 선생님은 날 위해 곱빼기를 타 주셨고 이영옥 선생님은 손수 내게 배달을 해 주셨어. 이은경 선생님이 그랬나?

"커피 안 드세요?"

"먹고 있어요. 머그"

좀 웃으시더군…….

(2004년 10월 14일)

무게

요건 또 어떤 선생님과의 대화였는지 기억이 잘 안나. 스스럼없이 지냈던 부장 선생님이셨던 것은 기억이 나는데……. 난 좀 회의에 회의적이어선지 아님 취향이 그렇게 독특한 건지 괜히 중간 중간 끼어서 말대답도 자주하고, 어긋나는 소리도 자주하고 그러지. 이야기의 맥도 가끔 끊어먹고……. 하여튼 협의회나 이런 거 할 때 좀 기피인물이지.ㅋ 하여튼 부장 선생님께서

"말 좀 들어라!"

하기에

"무거워서 못 들겠는데요."

했던 기억이 나! 참말이지 연약한 내가 어떻게 그 무거운 말을 든단 말이야??

(2004년 10월 14일)

자꾸 지뢰를 들먹이며 천성산의 아름다운 풍광을 흐리려했던 저의 말투가 이제 생각하니 참 부끄럽게 느껴집니다. 아마, 그 산을 나와 같이 넘었으면 하는 희망이 마음속에 조금은 도사렸던 탓이겠지요.

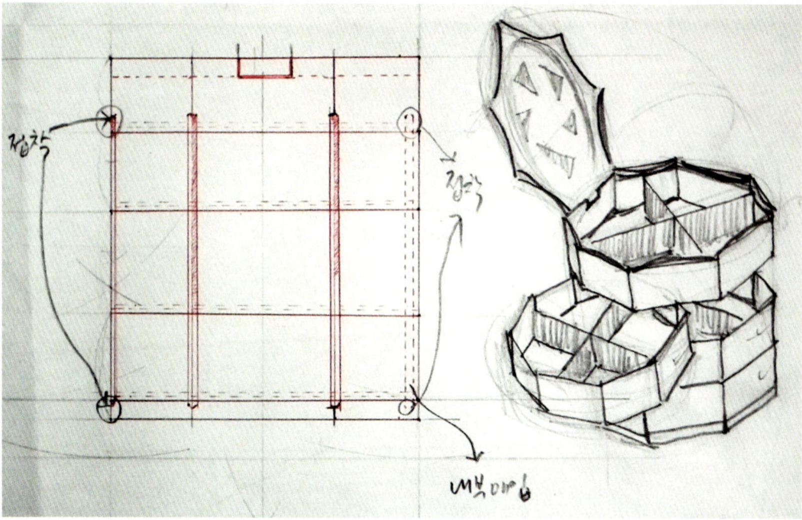

7각형 보석함을 설계해 왔다고 김광식선생님으로부터
다시는 이런 거 설계해오지 마라는 이야기를 엄청 들었다.
그렇지만 결국 만들었다.(왼쪽 사진)

제3차 세계대전

오늘 수업 중에 갑자기 3차 세계대전 얘기가 나왔네. 바깥에서 민방위훈련 한다고 사이렌이 들려서였지.

"선생님, 전쟁났어요?"

요게 이야기의 출발점……. 그리고 내가 한 얘기…….

나: "앞으로 3차 세계대전은 러시아에서 일어납니다."

학생: "우와! 예언이다, 예언!"

나: "그 전쟁의 이름은 뭔지 아십니까?"

학생: "뭔데요?"

나: "러시아워 (Rush Hour)"

(2004년 10월 15일)

천고마비

오늘 6교시 수업시간. 태양에너지를 얘기하다가 태양에너지 때문에 내가 살찌고, 너희가 살찌고……. 이런 살찌는 스토리를 이야기하다가 '하늘도 살찐다.' 했더니만, 아이들이 딴지를 걸더군.

"너거들이 뭔가 쫌 모르는군……! '천고마비'라는 말이 있잖아!"

"천은 하늘이잖아. 그리고 비는 살찐다는 거고?"

"天고마肥"

"해석해보자고……. 하늘이 고마 살찐다! 맞잖아!"

우하하하……. -.,-

(2004년 10월 15일)

아버지 추억-2

아버지와 우리는 정말 장난도 많이 쳤다. 어쩌다가 아들 삼형제만 남는 날에는 발가락으로 서로 꼬집는 놀이를 하기도 하다가 느닷없이 가위, 바위, 보를 하자고 하셨다. 넷이서 가위, 바위, 보를 하다 보면 아버지가 지는 수도 있었다. 그날의 밥 당번이 되는 날이다. 우리는 진 순서에 따라, 밥상을 챙기고, 방 청소를 하고, 서로 일을 나누어 했었다.

아버지는 어머니와도 재미있게 지내셨다. 지금도 그러하지만……. 하루는 파자마를 거꾸로 뒤집어 벗었다. 그것을 본 어머니께서는 "당신은 왜 파자마를 거꾸로 뒤집어 벗어요?"했다. 그러자 아버지는 "뭐, 그러면 내일은 바로 될 꺼 아니냐."고 응수하셨다. 어머니는 "참, 어긋나기는…" 이러면 아버지는 "왜, 내가 돼지 뒷 발톱이가? 어긋나게!" 이렇게 응수하는 것들이 참 재미있게 보였었다.

한 날은 어머니가 좀 화가 난 모양이었다. "당신 먹는 술, 나도 함 먹어 보자." 이러면서 술을 한 잔 부어서 벌컥 벌컥 마셔대는 것이었다. 이런 와중에 아버지와 무슨 말 싸움 비슷한 게 붙었고, 아버지에게 반말을 하는 어머니에게 "어, 지금 반말이가? 막 묵나?" 이러는 아버지에게 어머니는 "와? 당신하고 나하고 한 날 한 시에 어른 됐는데, 와?" 이러면 아버지는 웃어버리고 그만 화해가 되어 버렸던 기억이 난다. 아버지와 어머니는 10살 차이다.

(2004년 10월 15일)

2010년 작고하신 아버지

포인트

요즘 우리 학교 선생님들께선 송정 바닷가에서 게 잡는 재미에 푸~욱 빠진듯하다. 어제도 갔다 왔다는 선생님이 있었고, 오늘도 몇 가족이 간단다. 어제 갔다 왔다는 성갑순 선생님은 겨우 두 마리 잡았다는데, 소풍 때 갔다 오신 분들은 한 줄에 열 일곱 마리도 잡았단다. 그전에 갔다 온 이진동 선생님은 1 시간 동안 마흔 마리 이상을 잡았다는데…….

하여튼 점심 시간 과학부 자리에서 같이 국수를 먹는데 성갑순 선생님의 어제 잡은 게 이야기가 나왔다. 겨우 두 마리 잡은……. 그래서 내가 얘기했다.

"원래 게 잡는데도 다~아 포인트가 있는 거예요. 그 포인트를 잘 맞추지 못하면 성갑순 샘처럼 되는 거거든요."

"그런데, 제일 좋은 포인트가 뭔지 알아요?"

선생님들이 다~아 날 쳐다본다. 대답을 기다리는 듯…

"뭔데요?"

"제일 좋은 포인트가 바로 '알 포인트'입니다."

일순, 과학부장 이성수 선생님은 국수를 뿜을 뻔 했다. 알 포인트 – 바로 알짜 포인트 아닌가!!!! –.,–

(2004년 10월 16일)

게잡이에 나선 선생님들과 그들에게 생포된 게

갈대

오늘 주영택 퇴직 교장 선생님, 김화선 금정중 선생님, 모만호 동래원예고 선생님이랑 동백섬 조사를 갔다.

동백섬 입구의 매립지에 갔더니 바로 바닷가에도 아닌데 갈대가 나 있다. 갈대가 왜 여기까지 나 있냐고 하는 물음에 나는

"뭐, 갈 데까지 갔는 모양이네요."

(2004년 10월 16일)

올드보이

"그 영화에는 모두 남자만 나온다매!"

"예, 무슨 말?"

"All the Boy!"

(2004년 10월 18일)

타지마할

아침에 과학부 자리에 갔더니 역시 빵이 있다. 봉지 커피 하나 타 가지고 빵 뜯어 먹고 있는데 이성수 과학부장 선생님이 새 소식을 전한다.

"타지마할이 무너질 위험에 처해 있대요."

그래서 내가 한 마디 했지.

"원래 모든 건물은 다 사라질 운명을 가지고 있는거예요. 그런데, 그건 원래 불타서 사라질 운명은 아니어요! 그래서 무너지는가 봐요."

"예, 무슨 말……?"

"타지 마~할"

(2004년 10월 18일)

고향의 맛은 뭔가 다른 것이 있는 모양입니다. 몇 공기를 더 하고 말았거든요.

운석 (meteorites)

수업 중에 주먹만한 운석 하나 주우면 그게 500만원이나 한다고 했더니만 다들 관심이 많더군.

"내가 운석 줍는 방법 알켜 줄까?"

"선생님, 그거 진짜 주울 수 있어요?"

"그럼!"

"일단, 유성이 잘 떨어지는 언덕에 올라. 유성이 떨어질 때를 기다리는거야. 떨어지잖아! 그럼 졸라 달려. 그럼 주을 수 있지. 근데, 조심해야 할 것이 있어. 바로 집으면 딥따 뜨거우니 식을 때까진 기달려. 많이 주어서 열심히 팔아 먹어!!!"

"일본 홋까이도 가면 운석 떨어져서 집이 반 날아간 데가 있거든. 거기 담 쳐놓고 입장료만 받는데도 돈 된다하더라."

"너거 집에서도 그럴 수 있단다. 대충 적당한 돌 하나 골라서 집 귀티를 쫌 뽀사놓는거야. 그리고 담 쳐 놓고는 돈 받아 그러면 되어. 운석이라 안 믿을 것 같으면 돌, 그거를 라이타로 쫌 끄실러."

(2004년 10월 18일)

아마게돈

"너거들 영화 봤니?"

칠판에 적는다.

〈아마! 겟돈〉

"샘, '아마게돈'인데요."

"그렁가? 이거 주부 도박단 이야기를 다룬 영화 아니니? 주부 도박단의 자금 출처를 밝히는 스토리! 그 출처가 아마! 겟돈일 것이다는 설정을 해서는 나중에 밝혀 보니 그것이 아니다. 이런 이야기 아니니?"

"에이, 샘……. 그게 아니예요!"

"그렇담, 너거들이 본 거하고 내가 본 거하고 다른 거네."

(2004년 10월 18일)

알 수 없어요

교육과정부에서 봉지 커피 한 잔 타먹고 있는데 저어기 멀리서 교무부장 선생님께서 부르시대. "뭔일인데요." 했더니 프린터기가 이상하다면서 이거 어떻게 된 거냐고 하더군. 그래서 내가 그 먼거리에서 시를 하나 낭독했지. "바람도 없는 공중에 수직의 파문을 내며 떨어지는 오동잎은 누구의 발자취입니까." 무슨 말인지 교무부장 선생님도, 교육과정부장 선생님도, 다른 옆에 계시던 선생님도, 하여튼 모르더군! 무슨 말인지 모르겠어? 그럼 아래 글의 제목을 봐!

(2004년 10월 20일)

알 수 없어요

한용운

바람도 없는 공중에 수직의 파문을 내며 고요히 떨어지는 오동잎은 누구의 발자취입니까?
지리한 장마 끝에 서풍에 몰려가는 무서운 검은 구름의 터진 틈으로, 언뜻 언뜻 보이는 푸른 하늘은 누구의 얼굴입니까?
꽃도 없는 깊은 나무에 푸른 이끼를 거쳐서, 옛 탑 위의 고요한 하늘을 스치는 알 수 없는 향기는 누구의 입김입니까?
근원을 알지도 못할 곳에서 나는 돌뿌리를 울리고, 가늘게 흐르는 작은 시내는 굽이굽이 누구의 노래입니까?
연꽃 같은 발꿈치로 가이없는 바다를 밟고, 옥같은 손으로 끝없는 하늘을 만지면서, 떨어지는 해를 곱게 단장하는 저녁놀은 누구의 시입니까?
타고 남은 재가 다시 기름이 됩니다.
그칠줄 모르고 타는 나의 가슴은 누구의 밤을 지키는 약한 등불입니까?

아버지 추억-3

아버지께서는 가끔 당신의 이불 속으로 나를 누이셨다. 아버지 옆에 좁은 이불 속에서 자는 그날은 몸부림을 칠 수도 없었다. 어릴 땐 이를 갈았던 모양이다. 천을 물리시던 기억이 아직 난다. 어렵게 자는 잠자리라도 아버지와 함께 자는 기억은 좋았다.

어려운 자리여서 칼잠을 자야했기에, 조심해서 자야했기에 지금 누운 자리에서 그대로 일어나고, 이를 갈지 않게 된 것도, 코를 골지 않게 된 것도 다 아버지와의 잠자리에서 생긴 버릇이리라. 그렇게 당신께서는 우리들의 잠자리 교육을 하셨다.

당신께서는 또 한번쯤 상으로 불러 겸상을 하게 하셨다. 당신 앞에 있는 맛있는 반찬……. 그 반찬에 젓가락 한 번을 가기 위해서 얼마나 많은 종류의 반찬에 젓가락을 대어야했던가! 이것이 또한 나의 식성을 만들었으리라 짐작된다. 난 지금도 아무 것이나 잘 먹거든…….

당신께서는 꼭 밥을 남기셨다. 당신만 드시던 하이얀 쌀밥… 그것도 숟가락으로 정말 꼼꼼히 잡수셔서 고춧가루 하나 묻히지 않고, 잡수신 후에도 윤기가 자르르 흐르는 그것이 언제나 얼마나 먹고 싶었던지……. 하지만 그것에는 조건이 있었다. 내 밥그릇에 밥을 다 해치워야 그것을 차지하게 되었으니……. 그렇게 당신께서는 우리들의 밥상머리 교육을 하셨다.

(2004년 10월 20일)

야한 얘기

3학년 4반 수업 시간. 교실에 들어서니 교탁에 웬 CD 케이스가 있다. 살짝 열어보니 이순연 선생님꺼다. 수업하시고 난 다음 가지고 가지 않으셨나 보다. 수업 중에 이순연 선생님이 오셔서

"미안합니다."

이러길래

"미안하세요."

했더니, 아이들이 와~아 웃는다. CD를 가져가는 이순연 선생님께 아이들이 야한 거 운운 한다. 약간 분위기가 소란스럽다. 난 분위기를 잡으려고 고함을 질렀다.

"야!"

일순 조용해진다. 그러자, 난 씨익 웃으면서

"야 했다."

아이들 반응 : 웃었다. 그것도 엄청! 더 시끄러워졌다.

(2004년 10월 21일)

다대포

아침에 교장 선생님도 교무부장 선생님도 날 만나자 처음 건네는 말이 어제 다대포 간 것에 대한 것이다. 다대포에 관심이 많나 보다. 교무부장 선생님께선

"어제 다대포 갔다 왔으면 확인할 수 있게 뭔가 좋은 걸 가져 와야 할 것 아이가?"

"예!!?? 다! 대포라니깐요."

(2004년 10월 22일)

인생

오늘 점심때 비빔밥이 나왔다. 학교 급식이 희한한 것이 비빔밥이 나오는데, 왜 계란 후라이가 나오지 않는지……. 그래서 작년부터 내가 얼마나 주장했던가!

"계란 후라이를 달라!"

올해는 그래도 계란 후라이는 아니어도 삶은 계란이 따라나온다. 그동안의 성과이리라. 배식판 앞에 선 시각… 내가 한 마디 했지.

"참, 오늘은 우리네 인생이 별 거 아니라는 생각이 드는군요."

그 말을 들은 같이 줄 선 선생님들이 무슨 이야기냐며…… 눈을 둥그렇게 뜨신다.

"삶은 계란이라잖아요."

푸하하… 또 당했다 하시는 분들도 계시고……. 밥을 먹었다. 밥을 먼저 먹으신 선생님들은 교무실로 가시고 난 내 밥 먹던 자리에 그대로 앉아 있었다. 이정혜 선생님이 밥을 다 드시고 식당을 나서면서 왜 그렇게 앉아 있느냐 묻는다.

"허무해서요."

"왜요?"

"인생이 별거 없어서요."

이정혜 선생님도 눈을 동그랗게 뜨신다.

"우리네 인생이 계란이라네요."

몇 번 생각하시더니 푸하하 웃으신다.

"그런데, 난 그 인생을 오늘 두 번 살았어요."

"아하! 두 개 먹었단 말!!!"

이제는 이해가 빠르시다…….

(2004년 10월 22일)

비포선셋(before sunset)

오늘 과학부 선생님들이 영화를 보러 가는데 영화 제목이 비포선셋(before sunset)이란다. 난 종이를 집어 들었다. 볼펜으로 줄을 세 개 그었다. 그리고 과학부 선생님들에게 물어보았다.

"이걸 보고 영어로 말해 보세요."

"예 무슨 말인지?"

"이것을 영어로 뭐라 해야 하는지 말씀…"

내 질문이 항상 워낙 엉뚱하니 도대체 무슨 쪽으로 말대답을 하여야되는지 오리무중인 모양이다.

"비포 선 셋"

아는 사람은 순간 푸하하……. 왜냐고? 마침 든 종이 크기가 B4 종이였고, 내가 거기에 선 셋을 그었거든!

후기)

영화를 보고 부산대 전철역 앞 캘리포니아라는 곳에 맥주 한 잔 씩을 하러 갔다. 거기 메뉴판에 Beer's set이라고 되어 있다. 난 그걸 따라 읽었다.

Be( )er 's set

비(포)어 선 셋

(2004년 10월 22일)

나타나라는 분은 나타나지 않고, 왠 목소리 선 여자가 음성 녹음이 어떠니 저떠니 하더군요. 놀라서 전화기 두껑을 덮어버렸습니다.

암벽등반을 배웠고 암벽등반의 강사도 했었다.
선생님들께 드리는 학교 이별 선물 음악테이프의 표지도 주제가 암벽등반이었다.

구분

잠시 행정실에 볼일이 있어 교무실에서 행정실로 가는 계단으로 내려가는 중에 하남숙 선생님이랑 이성수 선생님을 만났네. 이성수 선생님이 일찍 퇴근하는 하남숙 선생님을 보더니

"아직 9분이나 남았는데, 벌써 가나?"

그러면서 나를 보네?! 난 나보고 한 마디 해라는 줄 알고,

"뭐, 구분(9분)할 필요 있습니까?"

(2004년 10월 25일)

아버지 추억-4

나의 고향은 진주이고 고등학교까지를 거기에서 다녔다. 마침 내일이면 부산에서의 대학 생활이 시작될 때의 일이다.

아버님께서는 나를 그 날 아침 일찍부터 오후까지 줄곳 데리고 다니셨다. 아버님과 술을 같이 한 것은 그 날이 처음이다. 가까이 있는 시장의 선술집에서 양곱창을 시키시고, 나에게도 한 잔을 권하셨다. 이제 대학생이 되었으니, 사회생활에서 술을 마실 일도 있을 것이라시면서 주도를 가르치신 거라 생각된다. 옷점에 들러 옷도 몇 벌 사 주시고, 구두점에서 구두도 맞추어 주셨다. 진주시내 여기 저기를 같이 걸으면서 많은 이야기를 나눈 것으로 기억된다. 오후 네 시쯤 되어서 아버님께서는 다른 곳에 들를 데가 있으니 나더러 먼저 집에 가 있으라 하셨다.

저녁은 아버님께서 사 오신 돼지고기로 어머님께서 맛있게 요리하여 먹었다. 저녁 식사가 끝나고 가족들이 각자 방으로 돌아갈 때 아버님께서는 나만 따로 남으라고 하셨다.

"내가, 너를 이제 객지에 보내니 조금……, 안심이 안된다."

아버님의 말씀은 이렇게 시작되었고, 평소보다 더욱 뜸을 많이 들이셨다.

"너도 처음 객지에 나가는 입장이라, 많은 어려움이 너한테 닥칠지 모른다. 그렇기 때문에……"

"혹시……, 너가 객지에서, 객지에서……, 죽게 될지도 모르는데……"

"죽더라도……"

"부지런히 숨만 쉬어라이……"

이제 객지 생활 어언 16년, 여태 내가 살아 있는 것도 아버님의 그 말씀을 항상 기억한 덕분이 아닌가 한다.

(2004년 10월 26일)

갈비탕

오늘 점심 메뉴는 갈비탕이었다. 내 앞 줄에서 문선영 선생님이 엄청 당면을 펀다. 알다시피, 국자를 이용하여 당면을 펀다는 것은 보통 어려움이 아니다. 나도 당면을 좀 많이 퍼 볼려고 몇 번이나 시도를 하였다. 그것을 본 모 선생님께서……,

"왜 그렇게 당면 펄려고 목숨 걸어요?"

이런다. 난, 오늘도 그냥 못 지나친다.

"당면과제거든요."

(2004년 10월 27일)

학교 오는 이유

1광년이 얼마나 되는지 칠판에 적어 보았다. 빛은 1초에 30만 km를 가고 한 시간은 3600초 하루는 24시간, 1년은 365일. 요만큼을 곱하면 1광년이라는 거리가 얼마나 되는지를 얘기한 것이다.

300000 km * 3600 * 24 * 365

그리고는 다른 얘기로 접어들었는데 학생 한명이 그 사이에 계산을 하고는 1광년이 몇 km인지 이야기를 한다. 그러자 이어 나온 나의 멘트

"학교에는 대체로 세 종류의 학생들이 있습니다. 첫째는 밥 먹기 위해 학교 오는 학생들, 두 번째는 잠자기 위해 오는 학생들, 그리고 그 세 번째……. 자네같이 지극히 할 일 없이 오는 학생들이네."

학생들이 일제히 우하하……. 그리고 이어지는 말,

"그러나, 1광년을 금세 얼마나 되는지 계산한 당신! 전혀 쓸데없는 일은 어니었어요. 과학을 잘 한다는 것은 그냥 머릿속으로만 알기 보다는, 당신같이 그렇게 직접 계산해보기도 하고, 때론 느껴보기도 하여야 하는 겁니다. 오늘 당신의 활동은 눈부셨어요. 앞으로도 계속 그와 같은 정신 유지하기를……."

(2004년 10월 28일)

무슨 죄로

현관 옆에 남교사 화장실이 있는데, 거기 옆에 두 학생이 꿇어 앉아 있고, 한 학생은 과자를 교실에 들고 가지 말라는 팻말을, 한 학생은 남교사 화장실에 들어가지 말라는 팻말을 들고 있다. 난 세상 온갖 일에 관심이 있나 보다. 일단 확인을 하였다.

"네들이 정녕 그 팻말과 같은 일을 하였느냐?"

그렇단다. 난 계단을 오르면서 오늘도 한 마디…….

"세상에서 가장 무서운 죄가 '들킨 죄'란다."

(2004년 10월 29일)

무서운 병

무서운 죄는 '들킨 죄'라고? 그렇담 가장 무서운 병은? 아마 '숙환'인 것 같애. 왜냐고 신문을 봐봐! 다들. 아직까지 그 병에 걸려 죽지 않은 사람은 못 봤어. 다들 '숙환'으로 별세하시더라고…… ^^;ㅠㅠ

(2004년 10월 29일)

길가에서 만난 산딸기를 상처 입어가며 따먹었던 순간만이 행복했던 날이었습니다.

귤

식사 시간에 귤이 나왔다. 난 귤을 두 개 먹을 욕심에 말장난을 좀 해봤지.

"이거 한 개 먹으면 굴이지요? 두 개 먹으면 귤이고……."

그러면서 두 개를 챙겼지. 밥을 다아 먹고 나서 보니 그래도 귤이 많이 남아있다. 그래서 광고를 했지. 몇 개 더 먹고 싶어서

"귤 아직 안 드신 분 있어요."

아무도 없대. 그래서 남아 있는 귤 다섯 개 중 셋을 챙겼지. 그걸 보고 계시던 과학부장 선생님께서

"사람들이 다 굴만 먹었는가보네. 귤은 안 먹고…"

점점, 사람들이 적응을 해 가고 있는 듯한…….

(2004년 10월 29일)

자극과 반응

과학부 자리에 "오늘은 같이 국수를 못 먹습니다." 얘기하러 갔다가 과학부장 선생님 자리에 있는 CD 제목이 눈에 띄었다.

'자극과 반응'

"N극에는 어떻게 반응하고, S극에는 어떻게 반응하고 그런 겁니까?"

이렇게 물었더니, 과학부장 선생님께서

"이리 한 번 가까이 와 봐라."면서 나에게 한 대 때릴 시늉을 한다. 그러면서,

"이게 자극 아니가?"

내가 막는 시늉을 하자,

"그건 반응이고…"

그러자, 옆에서 이걸 보고 있던 강순민 선생님께서

"그건 반항이라요."

다른 사람들이 그걸 보더니…

"참 모두 다 누구 닮아간다……."

(2004년 10월 30일)

가재

오늘 김광식 선생님 삼랑진 집에 가서 남자들은 산에서 신나는 노동을, 아줌마들과 아이들은 계곡에서 가재를 잡으러 갔다. 가재를 엄청 잡아와서 대야에 풀어 놓았다. 아이들은 신기한지 잡아보기도 하고 들려다 보기도 하고 해서 나도 거기에 낑겼다.

"요거 봐라! 이건 이리 가재? 이건 저리 가재? 이거 이름이 그래서 가재 아이가!"

(2004년 10월 31일)

내행성

수업 시간…….

수, 금, 지, 화, 목, 토, 천, 해, 명

이렇게 칠판에 써 놓고 설명을 시작했지.

"지구보다 공전궤도 반지름이 작으면서 지구의 안쪽에서 태양을 공전하는 행성이 내행성입니다. 그러니 건들지 마! 건들면 듀어!"

잠시 시간이 지난 후……. 몇몇은 웃음……. 몇몇은 여태 이해가 안 감…….

(2004년 11월 3일)

돌볼 학생

우리 학교의 돌 볼 학생 모두는 항상 나에게 온다. 돌보러……

(2004년 11월 3일)

헤이즐넛

어제 수업시간이었네. 수성과 금성을 관찰할 수 있는 시기, 장소 등을 얘기하는 건데, 알다시피 수성, 금성은 해진 직후 서쪽하늘에서, 혹은 해뜨기 전 동쪽하늘에서 볼 수 있거든.

칠판에 '해질녘, 서쪽하늘' 적어놓고 나니 또 좀 장난 칠 생각이 나더군. 그래서 물어봤어.

"너거들, 해질녘이 영어로 뭐라하냐?"

sunset이라는 넘이 있더군. 좀 아는 넘…….

"그러냐? 내가 알고 있는 거하고 다르네!"

"샘은 뭔데요?"

"응~~ 헤이즐넛!"

(2004년 11월 4일)

해질녘

이현수 선생님이 아침에 내 서랍을 열며 '헤이즐넛' 봉지 커피 하나를 꺼내며 '해질녘' 이런다. 내 서랍은 우리 동네 창고다. 없는 게 없다. 지금은 쌀로본 반봉지, 종이컵 50개, 헤이즐넛 봉지 커피 두 박스, 테이스터스 초이스 봉지 커피 반 덕용포장, 노랑 설탕 반 봉지, 마가렛트에, 국희 땅콩샌드. 거기다 립톤인가 하는 차. 그리고 우리 동네 총무 선생님이 수시로 바꾸어 놓기 때문에 자주 종류도 바뀐다. 동네 창고다.

그런데, 내가 왜 여기 이런 글을 쓰냐면 바로 '이현수' 선생님이 아침에 '해질녘' 했다는 것이 그것이 쇼킹한 것이기 때문이다. 그 농담 전혀 하지 않을 것 같은 선생님이 어제 내가 아침에 한 얘기를 듣고 바로 써먹다니! 그게 '웃기다.'는 거다.

(2004년 11월 5일)

장학사-2

오늘 교육청 장학사가 학교에 왔네. 장학사 모시는 거는 언제나 내 차지. 하여튼 그들이 가고 나서 식당에서 장학사 얘기가 나오네.

초등학교 자녀가 장학사가 온 날의 얘기를 집에서 하더라는 것도 있고, 요즘 초등학교 아이들은 장학사가 왔을 때 학교 선생님께서 취하시는 모종의 썸씽들을 다~아 파악을 하더라고……. 난 또 한마디 했지. 그들의 대화에 끼어서…….

"저는 장학사가 오면 젤 먼저 뭘하는지 알아요?"

또 긴장하시는 선생님들…….

"먼저 과학실에 달려가요. 그리곤 지구본 그거 바로 세울려고 하는데……."

푸하하! 아시는 분만 웃는다. 그러면 왜 웃을까? 그 비밀은 다음에 공개하지. ㅋㅋ

(2004년 11월 5일)

잘한다 하니 계속하는 어린 아이의 일같이
서서히 습관이 되어가는 것 같습니다.

지구본

옛날 얘기지.

어느 학교에 장학사가 왔지. 선생님들은 장학사 대비로 좀 특별한 수업들을 준비하고. 그래서 어느 과학 선생님은 지구본을 이용한 과학 수업을 하였지. 자기 반 학생들을 데리고,

그런데, 문제는 수업이 끝났는데, 과학 선생님을 장학사가 부른다는 거야. 그래서 내려갔더니, 장학사가 그러네.

"아까 수업중에 보니깐, 지구본이 좀 이상하던데요? 왜 삐딱한 거 가지고 수업합니까?"

과학 선생님은 확인해보고 오겠다며 자기 반으로 달려갔다. 그리고 애들 보고,

"야! 아까 지구본 그거 어떻게 된 거야? 왜 삐딱해? 누가 그런 거야?"

그러자 아이들은

"그거, 우리들이 한 거 아닌데요. 원래부터 그렇던데요."

이런다. 할수없이 과학 선생님은 장학사한테 갔다. 마침 교장 선생님하고 같이 계신다.

"저~~ 아까 그거요~~. 살 때부터 그랬다는데요!"

장학사가 한마디 한다.

"다음부터는 제대로 된 거 가지고 수업하세요."

교장 선생님이 거든다.

"선생님, 다음부터는 좀 돈이 들더라도 제대로 된 걸 사도록 하세요. 국산이 다~아 그렇지, 뭐~!"

시험 감독-2

오늘 1교시 3학년 3반 시험 감독을 하였다. 과목은 수학. 뭐—, 별 문제는 아니지만, 접점 표시가 안 되어 있다나……. 그래서 조영순 선생님께서 순회를 하시면서 "별 문제는 아닌데, 접점의 표시가 안 되어 있다."고 일일이 접점을 알려주신다.

시험 감독이 끝나고, 카드를 조영순 선생님에게 가져다 주니 조영순 선생님이…….

"뭐—, 별 문제 없었지요?"

이러신다. 또 말 대답 한 번 했다.

"문제 없기는요? 문제를 스무 다섯 문제나 내어 놓고는!"

(2004년 11월 6일)

양산과 부산

오늘 우리 학교 과학부 선생님들이랑 (나도 과학부) 천성산으로 갔다. 높이 올라간 거는 아니고 단풍 놀이겸 홍룡폭포랑, 내원사 옆 계곡으로 좀 걸었다.

마치고 양산에서 밥먹고 나오는데 양산의 번화가를 지나게 되었다. 천성산의 저어기 건너편 덕계에 사는 김미숙 선생님이

"다 같은 양산인데, 여기하고 저기하고 왜 그렇게 차이가 나는지 모르겠어요. 산하나 사이에 있을 뿐인데요."

그러자, 내가 한마디

"그래서 양산이에요. 산 양쪽에 있다고…"

샘들이 좀 웃는다. 부장 선생님께서

"그럼 부산은 뭔데?"

"우리네 삶이 좀 바쁘잖아요. 정말 부산하잖아요."

푸하하 웃는다.

(2004년 11월 6일)

천성산에서…

머언 옛날 어느 날에

만나기 싫다기에 안 만날려 했었고
직장에 계신 분들에게 오해받지 않았으면 했었고
그래도 내 아는 분에게 작은 위안이었으면 했었고
다소 열정이 지나친 성격이다 보니 그렇게 되었소. 용서 바라오.

(2004년 11월 9일)

동방신기

토요일, 3학년들이 학교 뒷산 구월산에 2교시 3교시를 통해 올랐다. 체육공원까지만 갔다. 거기서 양껏 놀다 돌아와서는 스탠드에서 경품 추첨까지 하는 즐거운 파아티! 9반 아가씨들 몇이 체육복 뒤에 글자를 새겼다. T V X Q ! 이것을 한 글자씩 새겨서는 동방신기를 선전하고 다닌다.

난 그것을 보고 물었다. 동방신기가 뭐냐고? 혹시 동사무소 방위가 신기하다는 것이냐고? 혹시 동사무소 방위가 신기술을 쓴다는 것이냐고? 선령이가 그 말을 듣고 얘기하대!

“동시에 방구뀌는 신기한 기술!” 이란다. 저거들은 다섯 명 모이면 그런 기술을 발휘할 수 있단다! ㅋ

(2004년 11월 14일)

담임

오늘 아침은 원래 동래여고 강당으로 바로 가야하는데 학교에 나와서 몇 분 태워달라는 바람에 지금 학교에 있다. 이방미 선생님(최근 복직)께서 방금 나와서 나를 보더니

"올해 담임 아닙니까?"

이렇게 묻는다. 그렇다 대답하니 '아쉽다.'고 한다.

"뭐가 아쉬운데요?"

"또 한 반을 엉망으로 만들 좋은 기회였는데……"

이러신다.

"하하… 그래요, 흔들 좋은 기회였는데…"

그러니

"정형화된 아이들을 좀 흔들어 놓을 수 있었는데…"

이러신다. 내가 좀 흔들긴 흔들지. ㅋㅋ

(2004년 11월 18일)

이프 온리 (if only)

오늘 과학과 선생님들이랑 영화를 보러갔다. 제목은 '이프 온리'. 근데, 이프 온 리(if only)하고 온리 유(only you)하고 헷갈리는 모양이다. 과학부장 선생님께서 나한테 물어본다.

"도대체 '이프 온리'하고 '온리 유'가 뭐가 차이 나는데?"

나는 대답한다.

"물음표가 붙는가? 느낌표가 붙는가!의 차이이지요."

〈영화를 보고 나니 이프 온리의 의미를 좀 알꺼 같다. if는 차라리 무조건의 의미인 것 같다.〉

(2004년 11월 18일)

교대

영화를 다 보고 사직동에서 금정구 쪽으로 향하면서 화제는 단연 오늘 본 '이프 온리'에 대한 이야기이다. 주인공은 마지막에 죽는다. 이 죽음에 대해 어떤 슬픔을 갖기도 하여 영화가 재밌고 뭔가 뭉클한 거는 많은데 찝찝한 기분을 느끼기도 한다. 영화 속에서 죽음은 여자 주인공이 먼저다. 하지만 그것은 일종의 데자뷰 현상…. 사실은 남자 주인공이 결말에는 죽는다.

차는 교대(교육대학) 쪽으로 그리고 사직동 쪽의 갈림길에 다달았다. 내가 한마디 했다.

"교대로 갈까요?"

과학부장 선생님께서 '예' 하기에 내가 한마디 덧붙였다.

"그러면, 누가 먼저 갈래요?"

(2004년 11월 18일)

말 그대는 얼마나 어려운지

교대 옆을 지나자 난 선생님들에게 어디 어디를 들러야 되는지 물었다. 어디 어디로 가야한다는 말씀들은 하시지만 거기까지는 가지 않더라도 차 길에서 그냥 세워달라고 운전자를 편하게 하는 말씀들을 하신다.

"그럴 필요 없어요. 내가 다~아 택배시켜 드리지요. 김미숙 샘은 차를 금정문화회관에 세워두었으니 거기 데려다 드리면, 거기서 두 분을 태워 드리세요."

내가 '택배'란 말을 했다고 김미숙 선생님이 금방 받는다.

"예, 두 분은 내가 배달시켜 드릴께요."

내가 또 넘기지 않고 한 마디 한다.

"그런데, 저번에 어떤 분 태워드리다가 참으로 곤란한 주문을 받은 적이 있어요. 저어기 신호등에 대어달라시는데, 거기에 차를 댈려니 도무지 방법이 없더라구요."

몇 분이 우하하……. 성갑순 선생님이 한마디 하신다.

"난, 그래도 무슨 말인지 모르겠다."

(2004년 11월 18일)

미남 교차로

교대 옆으로 지나니 저어기 이정표에 미남교차로가 있다.

"저기 미남교차로로는 미남들이 교차하는 곳인가 보지요?"

그러자, 과학부장 선생님께서

"그럼, 우리는 저리로 못가겠네!"

(2004년 11월 18일)

때론 초라하여 보이는 것들 중에서도 보물이 있더군요.

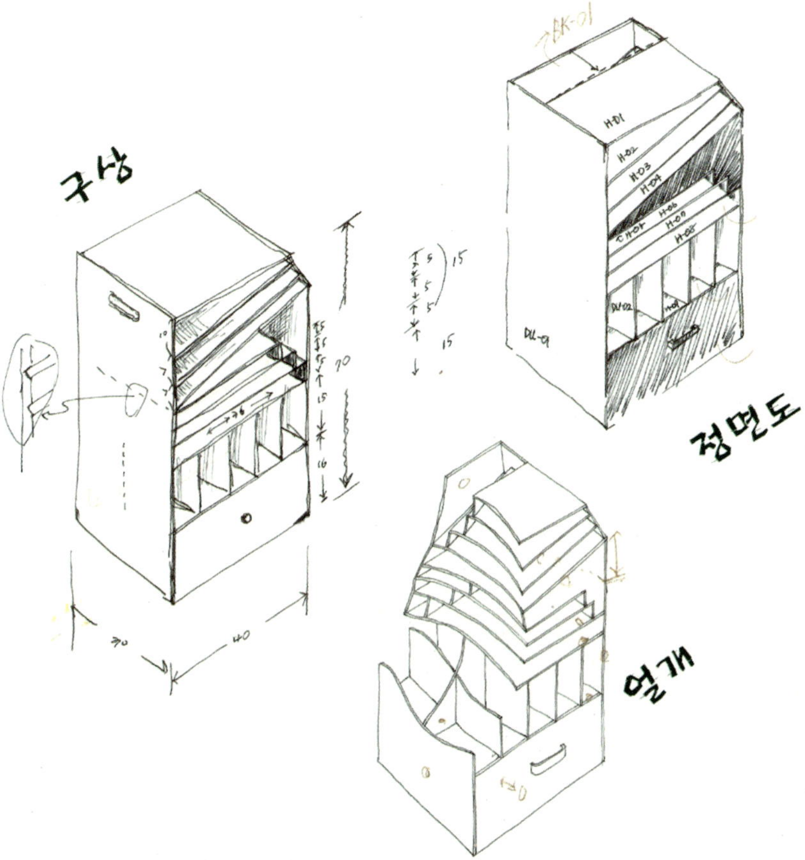

군대에서 1987년에 구상한 것이다. 그것을 토대로 학교에 합판을 신청하였다.
서툰 톱질이어서 아귀가 맞지 않았다. 결국 불쏘시개가 되고 말았다.

말 지어내기

오늘 점심시간, 어제 학예발표회로 화제다. 정영미 선생님이 오늘 수업시간에 애들에게서 '몸치'란 말을 들었더란다. 그래서

"그래도 한 달을 연습한 거다."

라고 했단다. 이윤경 선생님은

"하루 밖에 연습하지 못했다. 그래야죠!"

이러신다. 내가 한 마디 거들었다.

"울 학교 샘들 다~아 같이 준비했는데, 그 중에서 가능성 있고, 잘 한 사람들만 다시 뽑아서 했는데, 그 중에서는 내가 제일 못하는 축이라고 해야죠."

이윤경 선생님이

"말 지어내는 거로는 성박사 따라 갈 사람 없어."

요랬다.

(2004년 11월 19일)

여선생님들께서 학예발표회 때의 의상으로 사진을 찍어달라고 했다.

파리

삼랑진 김광식 선생님 댁에는 유달리 파리가 많다. 아침에 들렀다가 저녁에는 부산 명장동으로 옮겼다. 박우홍 선생님 가족이랑, 김광식 선생님 가족이랑 한 잔을 하였다. 거기서 또 파리 얘기가 나왔다.

삼랑진에서 아침에 일어나 보니 차 안에 파리들이 반은 동사를 하였고, 죽지 않은 것들도 얼마나 빌빌하던지… 이런 말씀을 하신다. 내가 또 한 마디 하였다.

"오늘 파리들은 진정 파리다왔겠네요."

박우홍 선생님이 묻는다.

"예? 무슨 말씀인지?"

"파리~하이"

(2004년 11월 21일)

마무리 단계

과학부 자리에 2학년 책을 빌려 보러 갔더니 이성수 과학부장 선생님께서 떡을 하나 이쑤시개로 찍어서는 나에게 입을 벌리란다.

"마무리!" 이러시면서…….

또 한마디 했다.

"나는 마무리 단계에서 필요한 인간인가 보죠?"

(2004년 11월 23일)

두발 자유

점심 식사를 마치고 정원을 한 바퀴 돌아 현관으로 들어서니 2학년 몇이서 나에게 인사를 한다. 그리고는 나에게 뭘 물어본다.

"쌤! 우리 두발 자유 안 해요?"

그 말을 듣고 내가 한 마디 했다. 그들의 발을 보면서, 발을 가리키면서

"자유롭잖아? 두 발 모두……."

(2004년 11월 25일)

금양중학교는 내가 다녀 본 학교 중에서 정원이 가장 예뻤다.

선생님들은 점심 식사후 정원을 거닐었다.

분수대의 물칸나는 내가 심었다.

필라

이순연 선생님이 자랑을 하네. 옥션에서 싸게 산 거라서……

"내, 이거 잘 샀제?"

이러는데, 상표를 보니 필라네. 그래서

"그거, 뭐 핀데~이"

그러니

"하하하, 벌써 폈어!"

(2004년 11월 25일)

구도

수업이 다 마친 시간, 문선영 선생님이 자기 디카로 사진 한 장 찍어달랜다. 정보부장 선생님이랑 포오즈를 취했다. 난 찍었다.

"구도 잘 나왔어요?"

"여기 보세요. 쪼끔 삐딱하죠? 이게 구도만큼 삐딱한 거예요."

옆에서 미술 선생님이신 이윤경 선생님이 '구도'란 미술 용어가 나오자 귀가 솔깃했다가 내 말을 듣고는

"아하! 그게 구도군요!" 요런다.

(2004년 11월 26일)

안경-1

난 자주 안경을 머리에 쓴다. 아이들은 그게 궁금한 모양이다.
"쌔앰! 쌤은 왜 안경 머리에 써요?"
"너희들은 안경 눈에 왜 끼니?"
"눈이 나빠서요."
"나도 그래, 그럼 난 머리에 왜 안경 쓰겠니?"

(2004년 12월 2일)

산 능선에 올라서 만만찮은 바람을 맞더니만, 숲 안은 봄의 푸근함만이 감돌았고 길가로는 자그만 자주 달개비가 아름답게 피었습니다.

스파게티

오늘 금정구 전역에 수돗물이 나오지 않는 바람에 학생들과 교사 모두 도시락을 싸오도록 했다. 울 학교 선생님들은 부별로 자구책을 마련했는데, 도시락을 싸온 부, 인근 음식점에서 시켜 먹은 부, 밖에 식사를 하러 나간 부……. 정보부의 일원인 나는……ㅋㅋ 기아체험을 하기로 하였다. 그런데, 여러 부에서 마구 날 부른다. 그래서 아침부터 챙겨둔 젓가락으로 마구 휘젓고 다녔다.

과학부에서는 스파게티다. 그래서 내가 옛날 얘기를 하나 해 주었다.

"옛날 온천장에 스파 쇼핑이 있었잖아요? 참 그 때가 좋았는데……. 거기에 매장 사람들 중에서 가장 잘 나가는 계가 하나 있었어요. 58년생들의 모임인데……"

부장 선생님이

"58년 개띠?"

"예."

"근데 그 계이름이 뭐였는지 알아요?"

"뭔데요?"

"스파 개띠"

다들… 푸하하하하하

(2004년 12월 2일)

해물 스파게티

스파게티를 한 번 더 해 먹자한다. 저번에 내가 수업연구를 하였으니, 아직 하지 않은 협의회를 그러면 내 사무실에서 스파게티를 해 먹는 것으로 하잔다. 이야기 중에, 내가

"오늘 먹은 거 하고 뭐가 다른데요?"

과학부장 선생님께서,

"해물 스파게티…"

내가,

"그럼 해 물 스파게티지 안 해 물 스파게티인가요?"

다들 푸하하하

과학부장 선생님께서…

"코로 스파게티 나올뻔 했다 아이가!"

(2004년 12월 2일)

온천천 달리기 클럽

온천천을 달리는 클럽은 내가 알기로 두 개가 있어. 그 이름이 좀 독특하지…ㅋ 하나는 '온달'클럽이고 하나는 '건달'클럽이야. 무슨 말인고 하니 '온달'클럽은 온천천 달리기 클럽이고 '건달'클럽은 건강 달리기 클럽이지…ㅋ

(2004년 12월 3일)

파격

아침 1교시 잠시 짬내어 옛날 근무했던 장전중학교에 갔다. 저번 주에도 금요일 아침 짬을 내어 거기에 들렀었는데 거기 이영심 선생님께서, 울 학교 계신 여러 선생님들의 안부를 물으시길래, 그 선생님들께 일일이 안부를 전해드리니 이방미 선생님께서, 다음 주에 한 번 같이 가자 해서 들른 것이었다. 거기서 앉아 얘기를 나누다가 갑자기 이방미 선생님이 나에 대해 얘기한다.

"다른 거는 모~두 파격 그 자체인데, 왜 의상은 파격적이지 않은지 이해가 안 되어요."

내가 답했다.

"하하, 그게 파격 아닙니까?"

(2004년 12월 3일)

금수복국

과학부협의회로 금수복국에서 복국을 먹는다 한다. 과학부장 선생님께 여쭤 보았다.

"왜, 안 좋은데서 먹어요?"

"뭐가 안 좋은덴데요? 잘 한다던데!"

"그럼 '금수만도 못한' 이런 말은 왜 나왔겠어요?"

푸하핫……

(2004년 12월 3일)

얄미운 년

점심을 양산에 있는 '도가네 칼국수'라는 데서 했다. 한 탁자당 세 사람씩 앉아 먹는데, 한 탁자에는 남자 셋, 한 탁자에는 나와 여선생님 둘이다. 그런데도 같은 양이 나왔다. 조미애 선생님이 좀 많이 먹는다. 그걸 보며 한 마디씩 하자 조미애 선생님이 자기 학교 선생님들이 자기보고 '얄미운 년'이라고 부른다 했다.

다들 왜 그렇게 부르냐고 물으니 그렇게 많이 먹는데도 살 안찐다고 그렇게 부른댄다. 나도 한 마디했다.

"울 학교 샘들은 나보고 '신기한 넘'이래요."

다들,

"왜요?"

"그렇게 잘 챙겨 먹지도 못하면서 살 안빠진다고…"

(2004년 12월 5일)

동태찌개-2

오늘은 동태찌개가 나왔다. 몇 선생님께서는 동태 파악이 안되시게 국물과 무 건더기 위주로 퍼시고, 난 그 분이 퍼 가지 않은 만큼 더 동태를 건졌다.

"오늘 주는 동태찌개의 의미를 알아요?"

"뭔데요?"

"겨울이어서 동태 되지 말라고 주는 겁니다."

다들 썰렁~~

(2004년 12월 8일)

실업계

3학년 선생님들과 학생들은 지금 실업계고등학교 진학 문제로 신경이 곤두 서있다. 바로 내일이 원서 접수 마감날이고 결정된 학생들이야 문제가 없겠지만, 아직도 원서가 되돌아 오기도 하고, 새로 학교 정해서 다시 접수를 시켜야 하기도 하고…….

이순연 선생님도 인문계니, 실업계니 하는 얘기를 하기 시작했다. 인문계를 보내는 것이 학부모들이 자녀 얘기를 서로 하면서 좀 쪽팔리는 그런 문제도 포함이 된다는…….

그래서 나도 한 마디 했지.

"참, 실업계 보내면 뭐, 실없게 보이나?!!"

또 푸하하……. 머리 어지러울 때는 그래도 웃어야 약이니…ㅋ

(2004년 12월 8일)

그러나 요 며칠은 저 혼자의 상념이 포함되어 헤맨 것 같아요.

사랑의 열매

예체능부장 선생님 자리에 사랑의 열매가 있다. 나보고 하나 달아라 한다.

"난 불우이웃 돕기 성금도 안 내었어요."

"그래도, 다~아 하나씩 주는거다. 달아라."

"뭐, 그거 달아도 사랑 열리지도 않던데요."

예체능부장 선생님과 옆에 있던 문선영 선생님이 순간 푸하핫…….

(2004년 12월 8일)

Sorry!

교직원 상조회(혹은 친목회)에서 방학을 맞아 당일치기, 혹은 1박 2일짜리 여행 계획을 세워 놓았다. 그리고, 참가 여부를 거기에 표시하란다. 난, 사정이 있어서 x, x를 치고, 거기 옆에 'sorry!' 이렇게 적어 놓았다. 그런데, 조영순 선생님이 x, x를 쳐 놓았으면 되었지, 거기 옆에 sorry는 뭐냐고 나에게 묻는다.

순간 즉흥적으로 나온 대답

"쏘리 옆에 느낌표가 붙어있지요? 내가 한 소리에 아뭇 소리하지 말란 얘깁니다. 하하"

손가락으로 입술에 대면서 이야기하니 알아듣겠다는듯이

"아! 하……"

(2004년 12월 10일)

흔들면

프린터기에 종이가 잼(jam)되어 있다. 종이도 적지 않게 걸려 있어서 찢어진 것까지 처리한다고 한참을 프린터기와 씨름하고 있는 중에 내 옆을 교무부장 선생님께서 지나가신다. 그리곤 특유의 '성종규 건드리기'

"와?"

"종이가 걸려서요."

"우리 프린터에 토너가 없으면 연하게 나오나?"

"예."

"흔들어 주면 잘 나오제?"

"당연하지요. 흔들면 두 밴데……. 두 배로 잘 나올걸요."

"하하! 총각이 별 걸 다 알아!"

그거하고, 총각하고 또 무슨 관계지?

(2004년 12월 10일)

정관사의 의미

과학부 섹션에 가니 거기 축열 스팀이 가장 뜨거운지 3학년 여학생 둘이 엉덩이를 붙이고 있다. 나도 같이 엉덩일 뎁혔지. 여학생 한 명이 나에게 묻는다.

"샘! 요번 금요일날, 샘은 영화 뭐 봐요? '발레 교습소' 봐요?"

"아니, 난 팬텀 오브 오페라"

옆에 있던 강순민 선생님이 그런다. '더'를 붙이란다.

그래서 내가 한마디

"아! 오페라의 유령 '더' 보라구요? 'The pentum of opera'?"

"하하, opera에도 붙이세요."

"그렇담, 오페라도 더 보고, 유령도 더 봐야겠네요?"

(2004년 12월 14일)

투명인간

아래 사진을 잘 보세요. 하얀 백지에 누워있는 투명인간의 알몸입니다.

(2004년 12월 14일)

수선화-1

아침에 강순민 선생님이 그리스에 관한 책을 보다가 그리스 가고 싶다는 얘기를 했다. 그것 때문에 과학부장 선생님이랑 내랑 앉아서 유럽 얘기를 하게 되었네. 유럽의 날씨……. 프라이부르그에 있을 때 이맘 때가 생각나 그곳의 풍광을 얘기하였네.

"잔디는 겨울이어도 죽지 않는데, 거기에 눈이 쌓여 있다가 2월이나 되면 뭔가 파아란 게 솟아나는데, 그게 수선화여요. 그것이 자라니 글자를 이루더군요."

그 얘기를 듣던 강순민 선생님이(강순민 선생님은 영국에서 좀 오래 있었지)

"유럽에는 참 수선화가 많아요."

그러자, 내가

"참 수선스럽죠."

과학부장 선생님이

"ㅋ, 참, 또 잘 나가다가……."

(2004년 12월 17일)

태권도 이단

이정혜 선생님께서는 발을 다쳐 병가중이시고 해서 같이 산에 갈 사람이 없으니 요즘 금요일은 거의 아침 내 여기 저기 다니면서 노닥 노닥거린다. 오늘은 거의 과학부 자리에서 노닥 노닥……. 강순민 선생님 컴퓨터에 최홍만이 떠 있다.

"K-1 한다고 하던데 잘 될까 몰라? 손기술, 발기술도 있어야 하는데"

나의 이 말을 듣고는 강순민 선생님이 말씀하신다.

"일마, 태권도 이단이라는데요!"

"그렇담 괜찮지. 태권도가 하여튼 최강이잖아. 그런데, 태권도 이단만 사용할 수 있는 기술이 있는데 그게 뭔지 알아요?"

옆에 모이셨던 선생님들이 다들…

"뭔데요?"

"이단 옆차기요."

다들 하하하…

강순민 선생님이 한마디 더 덧붙인다.

"3단은 삼단 돌려차기 하는데…"

(2004년 12월 17일)

사실, 바쁘다는 핑계가 일말의 두려움의 소산입니다.

신덕중학교 2학년 10반 우리반 아이들이 그린 것이다.

내부 전화번호

옆에 옆에 샘이 양호실 내부 전화번호를 물었어요. 옆에 선생님이 “118” 그랬어요.

내가 옆에 졸고 있다가 갑자기, “119 아니고요?”

그러자, 옆에 옆에 선생님이 “죽을래?”

(2004년 12월 19일)

시범학교

오늘 점심시간에 시범학교 얘기가 나왔어. 우리 학교에서는 내년에 봉사활동 시범학교를 하려고 계획을 내 둔 상태고, 옆에 앉으신 선생님께서 어느 학교에선가 흡연 시범학교 하겠다는 얘기를 하는 중에

“요즘은 시범학교 되기도 어렵다며!”

“예! 실사도 하고 그런 모양이던데!”

나도 한 마디

“흡연 시범학교야 실사가 필요하지요.”

“예? 무슨 말”

“얼마나 흡연을 하는지 안하는지…”

“푸하…….”

“그런데, 좀 더 센 걸 하면 실사도 필요 없이 당장 걸려요.”

“뭔데요?”

“대마초 시범학교!”

“푹하핫!”

(2004년 12월 21일)

메추리 알

과학부 모임으로 기장에서 영덕대게 먹으러 갔다. 소위 '쯔끼다시'로 메추리 알이 나왔다. 그래서 메추리(메추라기) 알 애기를 했었지.

"메추리 알! 이걸 삶는데 잘 삶기지 않아요. 거의 90프로 이상이 실패하고 잘 삶긴 것은 10프로도 못 건진다네요."

"정말 그래요?"

"그럼요! 그래서 여기 나온 거는 '매 추리 난' 거예요."(표준어로는 '단단히 추려논'것)

과학부 선생님들이 모두 푸하하하……. 또 속았다면서……ㅋ

(2004년 12월 23일)

Let It Be

이차는 송정 올빼미라는 노래방을 갔는데, 나는 너무 잠이 와서 그냥 차 안 에서 자겠다고 했는데 과학부 선생님들이 얼마나 잘 놀았는지 무려 두 시간이나 잤네.ㅋ

삼차로 해운대 메리어트 호텔 지하 바에서 한 잔……. 그런데 나는 내일 아침 공무원 정기 건강검진(내일까지 안하면 벌금 20만원이래서ㅋ) 관계로 아이뤼시 커피 한 잔으로……. 다른 분들은 피춰 시켜 드시고 11시나 되어 나오려는데, 그 때 흘러나온 음악이

"Let It Be, Let It Be……"

요런 노래가 흘러 나오대. 그래서, 내가 선생님들에게 물어보았지..

"저어기, 혹시 제가 여기서 뭘 가지고 나오던가요?"

"아니요."

"그런데, 왜 let it be, let it be 하지요?"

무슨 말인지 아시는 분은 폭소를 터트리더구만.

(2004년 12월 23일)

피자

학년말이어선지, 학급별로 피자를 시켜먹는 반도 있는 와중에 교무실도 은근히 피자 파아티…. 거기다 오늘은 식당에서도 피자다. 그래서, 내가 피자 얘기를 하나 하였지.

드라큘라들이 사는 데가 있어요. 거기 유명한 까페가 하나 있는데, 손님들에게 별로 친절하지도 않은 웨이터도 그 까페의 명물이었죠. 이 웨이터는 손님들이 시킨 것을 테이블에 거의 던지듯이 내동댕이치며, 아주 짧은 말만 외칠 뿐이죠.

"피! 자!" 〈자, 네가 원하는 피다. 뭐 이런 뜻이지요.〉

선생님들이 내 이야기를 듣더니 다들 "허걱……."

(2004년 12월 24일)

진급 사정

오늘 지금 이 시각, 조금 후에 진급 사정회를 한다. 복사기에서는 진급 사정 자료가 한창 복사되고 있다. 복사기 옆에서 한 마디 했지.

"진급도 사정 사정해야 되는가 보죠?"

옆에 계시던 교감 선생님을 위시한 몇 분이 웃으신다. 그리곤, 교감 선생님이 한 마디…….

"졸업도 사정 사정해야 졸업되지."

(2004년 12월 24일)

필요한 사람

이순연 선생님과 문선영 선생님이 있는 데서 진급하고 졸업을 왜 사정 사정해야 진급시키고 졸업시키냐고 했더니 두 분 다 왜 추운데 더 썰렁하게 만드냐고 하신다.

그래서 또 한마디.

"여름에는 더 덥게 만들어 드리지요. ㅋ"

그러자 두분 다 그런다.

"더 열받게 만들지…"

(2004년 12월 24일)

회의적

한잠 푸욱 자고 일어났더니 세상이 바뀌어 있다. 문선영 선생님이 내가 자는 사이에 얼마나 많은 공방이 있었는지 알려준다. 최미진 선생님은 '성종규 깨어 있었으면 또 한 마디 했을 것이다.'라 하고, 이윤경 선생님은 왜 사람이 바뀌었냐고 한다.(이윤경 선생님은 저번 장전중학교에서부터 쭈욱 같이 6년이나 같이 근무했다.) 김정숙 선생님(국어)도 왜 한마디 안 했느냐 한다. 그래서, 원인이야 잠이지만(난 정말 무슨 일이 있었는지 알지 못했다.) 한 마디 했지.

"내가 워낙 회의적인 인간이어서 한 마디도 안했죠ㅋ"

난 회의적인 인간이어서 회의에 참석은 엄청 잘 하지만……, 회의적이어서 별 관심도 없이 살거든ㅋㅋ.

(2004년 12월 24일)

강박 관념

어제 과학부 모임에서 과학부장 선생님이 강순민 선생님에게 많이 먹으라고 자꾸 권하더군. 그래서, 내가 한 마디 했어.

"너무 그렇게 많이 권하지 말아요. 그러면 강순민 샘이 어떤 맘을 먹는지 알아요?"

"뭔데요?"

"강박 관념"

강순민 선생님은 박사거든……ㅋㅋ

그러니 강박사가 갖는 생각……. 그래서 '강박 관념'이야.

(2004년 12월 24일)

찰나의 짧은 시간일지라도 그저 뵙기를 바라는 마음 간절하나 감히 청하지 못함이 무척 안타까울 따름입니다.

비품

정보부장 선생님께서 내보고 각 실에 내어 준 비품대장을 수거하라신다. 제일 먼저 미술실에서 들어왔고, 다음으로 무용실에서 들어왔다. 무용실 것을 샘플로 들고 동네 방네 다녔더니 하남숙 부장 선생님께서

"비품이 뭔데?"

요러신다. 그래서 내가

"원래, 물건 처음 들어와서 새거를 A품이라 하거든요. 좀 지나 낡은 거를 B품이라 해요."

최미진 부장 선생님께서 날보고

"에잇, 짝 짝 짝!"

(2004년 12월 21일)

근무상황부

학교에는 근무상황부라는 것이 있다. 선생님들께서 출장을 가거나 조퇴, 외출을 할 시에 여기에 그것을 적고 결재를 맡고 출장, 조퇴, 외출을 하여야 한다. 어제 일촌 순회(각 섹션별로 순환하는 것…ㅋㅋ) 중 교무부장 선생님 자리에 근무상황부가 있기에 물어 보았지…….

"지금 내 놀고 있는데, 여기에 그것 적어야 하는가요?"

교무부장 선생님이 무슨 소리냐고 하신다.

"여기 근무상황부라고 되어 있잖아요. 그러니, 지금 내가 근무하고 있는 모습이 놀고 있는 거니, '지금 놀고 있음.' 요렇게 적어야 되느냐고요?"

옆에 계시던 교감 선생님을 비롯한 여러 선생님들이 폭소를 터트리신다.

(2004년 12월 22일)

레이디 퍼스트

점심 시간. 밥 탄다고 줄을 서 있는데, 내 다음에 영어과 남자 선생님 두분이 서 계셨고 그 뒤로 영어과 하두선 선생님이 줄을 서신다. 내 바로 뒤에 계시던 남자 선생님께서 식판을 하두선 선생님께 건네시면서

"레이디 퍼스트"

이러신다. 내가 한 마디 했다.

"더 좋은 말도 해 줄 수 있는데……."

"예, 무슨 말을……?"

"퍼스트 레이디"

영어과 선생님들이 폭소를 터트리면서 전혀 생각도 못했던 말이란다. 하두선 선생님은 엄청 흐뭇해 하고……ㅋㅋ

(2004년 12월 23일)

퇴근 인사

내 차로 퇴근을 하는 길에 저 앞에 이은경 선생님이랑 하두선 선생님이 걸어가고 계시다. 집이 근처인지라 태워준다고 해도 타지 않으시는 분들이다. 그 곁을 지날 즈음 나는 차를 천천히 몰면서 차창을 내리고 이은경 선생님 옆에 차를 세웠다.

"이은경 샘! 내일 학교 와요?"

이은경 선생님이 멀뚱한 표정이다.

"오는데 왜요?"

"그렇담 내일 보자구요…"

이은경 선생님이

"하! 오늘 또 속았다……."

(2004년 12월 22일)

다이아몬드

다이아몬드(금강석)는 4월의 탄생석이며 결혼 10주년, 60주년의 기념석이다. 'diamond'라는 말은 '정복되지 않는'을 의미하는 그리스어 'adamas'에서 유래되었고 영원한 사랑을 의미한다. 아직까지 고대 그리스의 다이아몬드는 전통적인 사랑의 상징으로 여겨진다. 고대에는 다이아몬드가 이슬로부터 단단해졌거나, 별들에서 나누어졌거나 빛이 결정화된 것으로 믿어져왔다. 옛날에 다이아몬드를 얼음이 돌로 변한 것이라고 믿어서 사막에서 갈증에 허덕이던 어머니가 다이아몬드를 넣은 꿀을 마시자 금세 다 죽어 가는 아이에게 젖을 줄 수 있어 아이를 살릴 수 있었다고 한다. 그래서 여성들이 반드시 간직해야 하는 수호석이라고 여겨졌다. 승리와 성공의 정점을 상징하기도 하는 보석으로 왕의 머리에는 없어서는 안 되는 돌이라고 여겨 주로 왕관의 중심보석으로 사용되어졌다. 부와 행복을 가져다주는 행운의 상징이라고 믿었는데 오늘날 결혼 예물로 사용하는 의미는 바로 이러한 믿음에서 오지 않았을까 생각된다.

다이아몬드는 인간에게 알려진 물질 중에서 가장 단단한 것으로 99.95% 이상의 탄소의 결정체이며 보석 중에서 가장 순수한 것이다. 등축정계에 속하는 광물이며 용융온도는 무려 3700도에 이른다. '모스 굳기 10'의 광물로 가장 단단하기 때문에 다이아몬드끼리 부딪치지 않는 한 일상생활에서 긁히거나 마모되는 일은 없다. 열전도율이 매우 좋고 어떤 산에도 부식되지 않는다. 다이아몬드는 굴절률이 2.42로 매우 높고, 비중은 3.52이다.

다이아몬드는 숯이나 흑연처럼 순수한 탄소이지만, 다른 둘과는 매우 다르다. 인접한 원자와의 결합 유형이 서로 달라 서로 다른 형태와 결정 구조가 다르게 나타나는 것이다. 다이아몬드에서 각 탄소 원자는 네 개의 다른 탄소와 결합하여 피라미드처럼 사면체 구조를 이룬다. 각 결합은 같은 길이를 가지기 때문에 사면체의 형상은 완전히 규칙적인 모양을 갖는다. 이 때문에 다이아몬드가 가장 단단하고 비휘발성이며, 어떤 화학적 공격에도 견딜 수 있는 것이다.

고압(70,000kg/㎤)과 고온(1500~2000℃)에서 결정화된 순수한 탄소로 구성

된다. 이렇게 결정화되기 위한 환경은 지하(지구표면으로부터) 120km~240km의 조건에서만 가능하다. 그리고 이와 같이 생성된 후 급격히 지표면으로 옮겨진다. 다이아몬드가 들어있는 암석을 '킴벌라이트(kimberlite)', '램프로아이트(lamproite)'라고 부른다. 채취되는 다이아몬드 중 20% 정도만 보석의 가치가 있고 그 나머지는 품질 관계로 공업용으로 쓰인다. 특히 다이아몬드가 희소한 것은 채취가 매우 어렵기 때문이다. 0.2그램의 다이아몬드를 얻기 위해 평균 250톤의 광석을 캐어내 가공해야 한다.

다이아몬드의 가치를 평가하는 요소는 다음과 같은 네 가지가 있다. 이 네 가지 요소들의 첫머리 글자를 따서 4C라고 부른다. 첫 번째는 색깔(color)이다. 다이아몬드는 색깔이 없어 보이지만 실제로는 대부분이 소량의 질소를 함유하기 때문에 밝은 노랑, 갈색 등 미세한 색을 띠고 있으며 무색은 극히 소수에 불과하다. 다이아몬드의 색상 등급은 얼마나 무색에 가까우냐에 따라 구분되며 무색에 가까울수록 빛을 순수하게 반사하며 굴절시키기 때문에 품질이 좋은 다이아몬드로 구분된다. 두 번째는 절단(cut)이다. 절단된 방법에 따라 빛을 내는 정도도 달라 보이고, 다이아몬드의 아름다운 빛은 숙련된 전문가가 어떻게 연마했느냐에 따라 좌우된다. 완벽하게 연마된 다이아몬드는 빛의 투과성(휘광)이 좋아 들어 올렸을 때 모든 각도에서 찬란한 빛을 발휘한다. 세 번째는 투명도(clarity)이다. 대부분의 다이아몬드에는 눈으로는 식별할 수 없는 자연 상태의 내포물이 들어 있다. '자연의 지문'이라고 불리는 이 내포물이 적을수록 다이아몬드의 가치가 높아지는데, 그 이유는 내포물이 적으면 빛의 흐름에 대한 방해가 적기 때문이다. 네 번째는 크기로 캐럿(carat)이라는 중량 단위로 구별된다. 1캐럿(ct)은 0.2g 정도이며, 이 캐럿의 단위가 높을수록 가치도 높아진다.

무색에서 황색까지의 다이아몬드는 색의 정도에 따라 GIA 등급 D에서 Z까지 구분하는데, D등급은 무색, Y등급이 가장 어두운 황색이다. 흔히 '팬시 컬러'라 불리는 색깔 다이아몬드는 Z 이상의 황색이거나 적색, 분홍색, 청색, 녹색, 갈색 등이 있는데, 갈색을 제외한 색상 있는 다이아몬드는 보통 알고 있는 무색 다이아몬드보다 고가로 취급된다.

황색의 다이아몬드는 '팬시 컬러' 중 가장 일반적인 색상으로 아름다운 황색의 다이아몬드를 카나리(canary)라고 부르고, 녹색을 띄는 황색이나 갈색을 띄는 황색은 샴페인(champagne)이라 부르고, 오렌지 옐로우는 죤킬(jonquil)이란 용어를 사용한다. 오늘날에는 방사선 처리로 인공적으로 착색한 것이 많다. 대표적인 황색 다이아몬드는 137.2캐럿의 플로렌틴(florentine)과 128.5캐럿의 티파니옐로(Tiffany yellow)가 있다. 갈색은 팬시 컬러 다이아몬드 중에서 가장 흔한 색으로 코냑(cognac), 클로브 브라운(clove brown)등의 용어가 사용된다. 또한 녹색과 황색이 깃들은 것은 카키(khaki) 또는 올리브(olive)라고 부른다. 가장 매력적인 것은 금색이나 적색을 진하게 띄는 돌인데, 상업적으로 커피 브라운(coffee brown)이라고 부른다. 대표적인 것은 111.59캐럿의 지구의 별(earth star)이 있다. 분홍 다이아몬드의 발색 원인은 리튬으로 매우 드물어 가치가 높다. 아름다운 핑크(분홍)빛 돌은 '로즈(rose)'라고 부르며 자주빛을 띈 돌은 '모브(mauve)'라는 용어를 사용한다. 루이 14세 왕관에 장식되어 있는 32캐럿의 복숭아꽃(peach blossom), 23.6캐럿의 콩드(conde) 다이아몬드가 알려져 있을 뿐이다. 청색(Blue)은 붕소가 발색 원인인데 극히 드물며 대부분 명암도가 높고 채도가 낮으며 회색빛을 띠고 있다. 대표적인 것으로 45.52캐럿 의 호프(hope) 다이아몬드가 있다. 녹색(Green)은 극히 드문 색이며 거래되는 대부분은 처리된 것이다. 대표적인 것은 25캐럿의 첼리니 그린(cellini green)이다. 오렌지(Orange)색은 상당히 일반적이며 대부분 갈색을 띄고 있다. 가장 평가받는 것은 핑크에 가까운 붉은 빛의 오렌지나 복숭아색의 것으로 대표적인 것은 104.15캐럿의 '큰 국화(great chrysanthemum)'라는 이름의 다이아몬드이다. 흑색(Black)은 보르네오에서 가장 많이 산출되며 주로 공업용(carbonado카보나도)으로 쓰이며 대표적인 것은 '블랙 오르프(black orloff)란 돌이 있다.

다이아몬드는 약 3000년 전부터 알려졌다. B.C. 12세기 인디아에서 가장 먼저 발견된 것으로 생각되며, 1725년 브라질에서 다이아 몬드가 발견되기 전까지는 가장 중요한 산지였다. 인디아와 브라질의 광상은 1866년에 거의 소멸되었으며, 1869년에 남아프리카에서 스타(Star)가, 이어서 남아프리카에서 유레카(Euraka) 다이아몬드가 발견되었다. 바로 뒤에 거대한 남아프리카 다이아몬드 러쉬가 시작되었고, 남아프리카는 오늘날까지 세계에서 가장 중요한 다이아몬드 산지의 하나로 남아있다. 남아프리카가 발견되기 전까지 다이아몬드는 매우 드물고 가치 있는 것이었다.

비록 합성물의 모두가 다이아몬드 그릿으로 산업용 목적에 사용되었지만, 합성 다이아몬드는 적어도 1954년 이전에 만들어졌다. 보석으로 사용될 수 있는 합성 다이아몬드가 만들어졌지만 채광하는 것보다 만드는데 여전히 더 비싸다. 다른 보석들과 마찬가지로 다이아몬드의 색을 인공적으로 만들거나 수정할 수 있다. 어떤 팬시 컬러 다이아몬드는 방사능 처리를 하고 열처리를 하여 만들기 때문에 천연산 팬시 컬러 다이아몬드는 매우 고가로 취급된다. 다이아몬드는 아니지만 다이아몬드처럼 보이는 모조품들이 있다. 이는 천연산 혹은 합성의 백색 사파이어, 유리, 무색의 석영(수정), 천연 혹은 합성 루틸(금홍석), 이트리움-알루미늄 석류석(YAG), 스트론튬티탄석, 규빅지르코니아, 모자나이트(moissanite) 등이다.

합성 다이아몬드는 천연 다이아몬드는 아니지만 다이아몬드이며, 모조는 천연이든 합성이든 모조이다. 가장 흔한 합성석은 큐빅지르코니아인데 또한 가장 좋은 모조품이기도 하다. 만일 이것이 가장 고품질로 처리되었다면 기구 없이 육안으로는 전혀 구분이 되지 않는다. 모자나이트는 가장 최근의 합성 모조석인데 다이아몬드와 구분이 매우 어렵다.

주 산출국은 보츠와나, 러시아, 남아프리카공화국, 앙골라, 캐나다, 호주, 나미비아 등이며, 원석의 거래는 드비어스, 벨기에, 이스라엘, 연마는 이스라엘, 벨기에, 인도, 뉴욕, 나석 거래는 이스라엘, 벨기에, 인도, 뉴욕, 홍콩 등에서 이루어지며, 소비는 미국, 일본, 동남아시아 등에서 많고 한국은 세계 10위의 다이아몬드 소비국이다.

(2004년 12월 25일)

약수

김화선 선생님 전화가 와서 등산하잔다. 김화선 선생님 가족이랑 금정산에 올랐다. 약수터에 도착하여 시원한 물을 마셨다. 김화선 선생님 딸 은진이가 묻는다.

"이거 약 되는 거예요?"

"그럼, 약 되지……."

한마디 더 했다.

"이런 벌써 약 기운이 오르는 걸……."

김화선 선생님 가족이 모두

"풋~~"

(2004년 12월 26일)

세대 차이

부산대학교 앞에서 점심을 먹었다. 강순민 선생님이 강추하여 복불고기라는 것을 먹었는데, 교장, 과학부장, 교육과정부장, 내 이렇게 네 명은 먼저 가서 먹고 다른 과학 선생님들은 이차로 합류하였다. 먼저 가서 먹은 사람들은 먼저 일어나서 학교로 왔는데 과학부장 선생님께서 음식이 어떻더냐고 나에게 물어본다.

"먹을만은 한데, 그렇게 맛있는지는 모르겠어요."

"그렇제! 강순민 샘하고 우리하고 세대 차이가 나는 건가?"

"아마 강순민 샘은 전혀 안 맞고 자랐을 거예요. 나는 어릴 때 하루에 세 대를 맞지 않으면 날이 지나가지 않았었어요."

과학부장 선생님께서 반문한다.

"에? 그게 무슨 말이고?"

"강순민 샘하고 내하고 '세 대' 차이가 난다는 말이지요."

다들 풋…….

(2004년 12월 27일)

단팥죽

동래교육청 과학환경 위원들끼리 기장에 대게를 먹으러 갔다. 마침 장전중학교 과학교사 모임도 같은 장소 같은 시간에 계획이 되어 있어서 재미있는 시간을 가졌다. 2차는 김화선 선생님이 낸다고 대변에 있는 조용한 찻집으로 갔다. 우리는 거의 모두가 단팥죽을 시켜 먹었다. 나는 단팥죽의 유래를 설명하였지.

"이 단팥죽은 원래 팥의 양이 아주 중요하거든요. 그래서, 이 집 주인은 아침부터 팥의 양을 달아요. 그래서, 이게 '단'팥죽이어요."

다들 풋~~하

(2004년 12월 28일)

환경이 어려워서

불우이웃돕기 한 기금을 우리학교 학생 몇과 몇 군데 사회복지 시설에 쓰기로 하였단다. 그럴 줄 알았으면 좀 내는 건데ㅋ. 난 또 신문사인가 그런 곳에 내는 줄 알고 참여하지 않았지 뭐야!

과학부 자리로 놀러가서 엉덩이 덥히고 있는데 3학년부장 선생님께서 3학년 선생님들에게 환경이 어려운 애 정보를 수집하고 계신다. 참견쟁이 나는 또 한마디…….

"우리 학교에는 환경이 어려운 학생 없잖아요. 환경 배우지도 않는데……"

3학년부장 선생님이랑 과학부장 선생님께서 무슨 말인지 알아 듣지 못하신다.

"가정이 어렵다면 말이 되지요. 가정은 배우잖아요."

그러자 잠시 후 과학부장 선생님께서는 알아들었는지 크흑~하고 웃으시고, 3학년부장 선생님께서는 여전히 멀뚱한 표정으로

"뭐라캣노? 무신 말이고?"

(2004년 12월 29일)

USB

MBL 다루기 연수를 하였다. MBL 기계와 노트북 컴퓨터를 연결하여야 하는데 연결하여 데이터를 교환하는 포트가 USB다. 어디선가 USB가 뭐냐고 한다. 물론 알고 하는 소리겠지만 그래서 한 마디 했지.

"USA 다음에 나온게 USB 잖아여."

다들 우하하! USB 포트를 보여준다. 포트 옆에 보니 다른 포트가 하나 더 있는데 거기는 막혀 있다. 그래서 또 한마디

"여기가 USA 꽂는 포튼가 본데, 요즘으로 봐선 낙후된 기술이어서 막혀있는가 봐요."

또 다들 우하하~~. 김달용 선생님께서

"완전 안어벙이다.ㅋㅋ"

(2005년 1월 5일)

그게, 최선은 아니더라도, 차선은 되겠지요!

폭력 장학사

서울에 반포중학교 교감 선생님이라는 분께서 나와서 학교 폭력에 대한 강의를 하셨어. 근데, '폭력 담당 장학사'라는 말을 해야 하는데 자꾸 '폭력 장학사'라고 하곤, 말 실수 했는 줄은 알고, 좀 웃고, 그러곤 하더군. 난 자리에 앉아서 내 주변 사람에게만 들리게 한마디 했지.

"서울대학교 폭력교육과 출신인갑다."

주변 사람들 : "ㅋㅋㅋ"(소리죽여)

(2005년 1월 8일)

금연 교육

오늘 대강당에서는 금연 교육이 있었어. 생명 경시 사상에 대한 반감으로 다른데서는 보여주지 않는 건데 선생님들께는 특별히 보여주는 거래. 파급 효과가 크다는 것이지.

살아있는 닭을 한 마리 가져 와서는 닭의 날개에 담배 한 개비의 타르를 근육 주사로 주입을 하는 것이야. 강사 선생님께서는 닭을 보여주면서 그러더군.

"올해가 닭의 해여서 닭을 한 마리 가져왔습니다."

내가 또 한마디 했지.

"올해가 용의 해 였더라면 용 한 마리 잡아 왔겠네."

주변 선생님들 : "ㅋㅋㅋㅋ"(소리죽여)

(2005년 1월 10일)

음식물 반입 금지

김해 천문대. 주관측실 입구는 잠겨 있고, 유리문에 음식물 반입 금지라고 되어 있어. 한 마디 했지. 특유의 참견쟁이라서

"여기서는 뭘 먹어도 한꺼번에 먹어야 하는가 봐요!"

"예? 무슨 말?"

"저기 '반입 금지' 되어 있잖아요. 한 입으로 먹으라는 말이지."

"풉"

(2005년 1월 13일)

시험-1

오늘 시험 봄……. 시험 문제는 A형과 B형이 있어서 A형 한 줄 앉고, B형 한 줄 앉고 이런 식이었지. 류석환 연구사님이 그러더군.

"A형 손드세요."

A형 줄에 앉은 사람들이 줄줄이 손을 들고……

"B형 손드세요."

역시 B형 줄에 앉은 사람들이 줄줄이 손을 들고……. 그 때 내가 한마디…….

"연구사님, AB형은요?"

다들, 까르르르르…….

(2005년 1월 19일)

깨끗한 공직사회

점심 시간에 오후 강당 수업이 어떤 건지를 보려고 교재 첫 페이지를 펼쳤다. 오후 강좌는 '깨끗한 공직사회!' 김희정, 서옥조, 이수정 선생님이 있는데서 한마디 했다.

"오후에는 대강당에서 청소하는가 보죠?"

"예? 그게 무슨 말?"

"대강당 수업에 '깨끗한 공직사회' 되어 있네요!"

다들 푸하핫……

(2005년 1월 25일)

부패

오늘 대강당에서의 수업 제목은 '깨끗한 공직사회'다. 강사의 경험상 부패한 공직자는 대개 몇 가지의 특징을 가진다고 하였다. 첫번째, 얼굴색이 어둡다는 것이다. 그 말이 나오자 주변에서 나를 바라보는 시선이 느껴졌다. 술렁이며 내 이름도 불려졌다.

두번째, 내성적이라고 하였다. 그리고, 결정적인 세 번째…… '성실하다.'는 것이다. 칠판에 글씨가 잘 안 보이는 관계로 그리고 거의 비몽사몽간에 듣는 관계로……. 난 이 결정적인 말을 잘못 알아들었다.

'성실하되…' 요걸 '성씨라대'로 알아들었다. 나는 완전 뜨끔하였다. ㅋㅋ

(2005년 1월 25일)

집으로 가는 길

연수원에서 나오는데 걸어 다니시는 김미정 선생님이랑 송지은 선생님이 내차에 편승을 하였다. 평소에 가던 길로 가지 않고 토곡 한양을 거쳐 연산동 로타리를 지나서 차를 몰았다. 김미정 선생님이 미안한지 내게 물어본다.

"평소에는 어떤 길로 가시는데요?"

"집으로 가는 길로 갑니다."

"우하하……"

(2005년 1월 25일)

자일리톨

어제 현장체험학습을 해운대 장산을 거쳐 다대포 두송반도로 갔다. 점심시간은 영주터널을 지나서 서여고 근처의 어느 집에서 돌솥비빔밥으로 해서 먹었다. 점심을 먹고 나오니 서옥조 반장 선생님이 껌을 사서는 나누어 준다. 나는 하나만 달라고 했다. 그러면서 또 한마디…….

"이 껌은 하나만 먹어도 배불러요. 워낙 부피가 커서……"

샘들이 무슨 말인지 의아해 한다.

"자! 일리톨… (1 L)"

다들 깔깔^^

(2005년 1월 25일)

선생님은 최고입니다. 그것이 저에게만은 움직일 수 없는 사실입이다. 단지 최고에게 드리는 예우가 시원찮을 따름이죠.

우리는 지금 5집으로 낸 CD의 표지

좁은 아파트

구평은 부산의 한 지역 이름이다.

다대포 가는 길에 만난 간판…….
아홉평으로도 자유로울 수 있는 아파트…….

(2005년 1월 25일)

봄날

오늘 작삼회 모임이 있었다. 모이면 화제는 다양하지만, 오늘은 이정혜 부장 선생님께서 요즘 토, 일요일 하는 드라마 '봄날'에 푸~욱 빠져 있다는 얘기가 더욱 화제가 되었다.

나는 가끔 채널을 돌리다가 봤기에, 몇 번 보았는데 조인성이가 너무 짜는 연기를 해서 그게 너무 이상해서 다른 데로 돌린다고 하고, 다른 선생님들 몇 분도 기타 여러 가지 이유로 '봄날'을 제대로 못 봤던 모양이다. 그리고 제대로 못 봤던 분들께선, 참으로 다양한 캐릭터와 인물 설정의 이상함 등……, 궁금한게 많았던 모양인지 이정혜 선생님께 그런 것들에 대한 질문이 쏟아진다.

이정혜 선생님께서는 조인성이 왜 그런 캐릭터를 연기하는지, 고현정이 왜 실어증에 걸렸다가 말을 하게 되었는지, 지진희가 왜 13세 아이 때까지의 기억을 가지게 되는지 참으로 재미있게 설명을 하시었다. 그러다가 선생님들의 공통된 의견 한 가지……. 그렇게 복잡하게 얽히고설키다가 작가는 나중에 어떻게 그 복잡한 얘기들을 풀어나갈지 한다.

그래서 내가 한 마디 했지.

"나중에 이 이야기가 정말 복잡하게 전개되거든요. 정말 작가도 어찌하지 못할 정도로 얽히고설키고 해요."

이러니 선생님들은 마치 내가 그 이야기의 결말을 다~아~ 알고 있는 줄 알고 나에게 귀 끝을 쫑긋거린다.

"그래서 이 작가는 그렇게 생각하죠. 참! 처음 드라마 시작할 때가 봄날이었다고……"

다들 푸하하…….

(2005년 1월 31일)

왜가리

연수를 같이 받는 선생님들이랑 진우도에 갔다. 엄청 바람도 불고 추운 날…. 정말 배 위에서 맞는 바람은 살인적이었다. 배가 도착하니 그나마 살겠다 싶었다. 진우원으로 향하는 오솔길은 너무나 포근…….

드디어 진우원에 도착. 내가 세번째 배로 왔으니 먼저 와 있는 전우들을 일단 다~아 모이게 했다. 간단한 일정을 얘기하려고 할 때 그 때 누군가 묻는다.

"선배님, 아까 올 때 있던 회색 새는 이름이 뭐예요?"

다행이 아는 새였다.

"아~ 그 새 말이예요. 그 새는 이 겨울에 딴 데 안가요. 보통 한 군데 머물러 있거든요. 그래서 '왜 가리?'예요"

'왜가리'라는 새의 연유가 마치 그러해서 그러하다고 인식되었음인지 아님 내가 또 농담하고 있다는 것을 알아서 그러했음인지 다들 웃음…….

(2005년 2월 1일)

신호대기

진우도의 행사를 마치고 귀가하는 길. 삼성자동차 공장을 지나서 신호대교를 지나는데 정미옥 선생님이 이 다리는 이름이 있느냐고 묻는다.

"예, 이 다리는 신호대굡니다."

그리고, 저어기 신호등이 보인다.

"저어기 신호등 있는 데는 신호대기고……."

다들 ㅋㅋㅋ…….

(2005년 2월 1일)

보낸 것

오상희 : 샘, 강정미 장학사님께… 메일 보냈습니다.

성종규 : 보낸 것 확인했습니다. 강정미 장학사는 무엇을 내었을까요?
가위를 내었으면 오상희씨가 이긴 것이고
주먹을 내었으면 오상희씨가 진 것입니다. ㅋㅋ

오상희 : 뭐…
그래도… 제가 이겼으면 좋겠네요…
묵 내라꼬… 주문을 걸어볼까요? ㅋㅋ

(2005년)

일정-1

일급 정교사를 줄여서 '일정'이라고 한다. 이급 정교사는 '이정'이고……. 드디어 일급 정교사 자격연수를 끝냈다. 어제는 마지막으로 정말 끝내주는 모임을 했었고……. 거기서 또 농담을 하였더니 모두 재미있다고 웃는다.

"이젠 다들 일정한 기간 동안 모여 연수를 마쳤으니 일정인데, 내 지금 이 순간 한 사람에게만 미안해요!"

"우리 이제 모두 일정인데, 단 한사람……. 이정아 샘만은…"

모두들 무슨 말인지 멀뚱해 하더니만 말을 알아들은 사람부터 폭소를 터뜨린다.

오늘 수료식……, 다른 과에 비해 유난히 재미있었던지, 정이 많이 들었던지, 아쉬움도 많이 남는 모양이다. 장소를 뜨지 않고 서로 손을 잡고 격려를 아끼지 않는다. 모두 악수를 하고, 그동안 고생했다느니, 다음에 보자느니 인사를 나눈다. 이정아 선생님에게

"내가 어제 농담을 해서……"

이렇게 얘기를 하였더니 이정아 선생님께서

"난 오늘 이수증 받기 전까지는 정말 일정 안 되는 줄 알았어요."

이렇게 되받으신다. 물든다는 것이다.

(2005년 2월 5일)

노인과 바다

어제 점심 무렵……. 과학부 자리에서 인사 이동 얘기가 있었지. 김미숙 선생님 집이 양산 덕계라서 해운대교육청의 기장중학교를 신청했는데, 그게 과연 되겠는지 안되겠는지……. 지금도 농어촌 가산점이 있니 없니…… 등등……

성갑순 선생님이 얘기했던가?

“거기는 완전히 노인판이라면서요.”

가산점이 주어지니 승진을 위해 점수가 필요한 사람들이 왕창 모인다는 얘기다. 나도 한 마디 했어.

“거기는 노인이 많긴 많지요. 그리고 바로 가까이에 바다도 있지요.”

“그래서 기장중학교에서의 애환을 다른 소설이 있는데 그게 뭔지 알아요?”

선생님들이 또 무슨 얘길 하려고 그러는지 긴장을 한다. “뭔데요?”하고 묻기에 나는

“노인과 바다”

선생님들 모두… “푸하하하”

(2005년 2월 15일)

또한 혹 어려운 순간이 다가올까봐 두려워, 조심해서 선뜻 알려고 하지 못함도 있습니다. 이런, 가슴 설레는 순간이 없었던 탓도 있습니다.

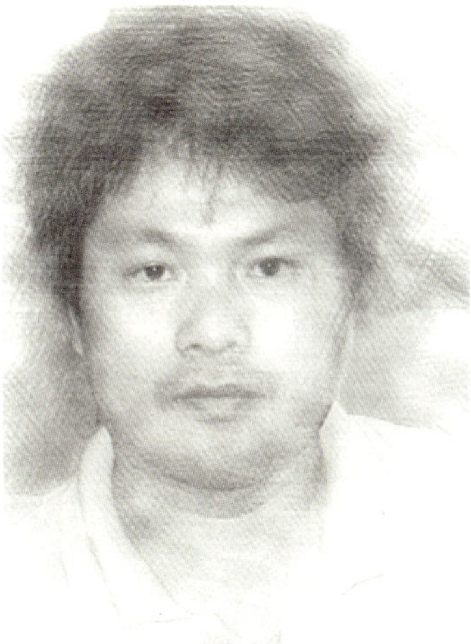

이윤경 선생님(모자리나)이 나의 모습을 연필로 그려주셨다.

페이퍼 잼

과학부 자리에만 가면 우연인지 프린터기에 종이가 끼여 있다. 오늘도 이성수 과학부장 선생님께서 종이 끼여 있는 것을 두고 내 탓을 하신다. 내가 올 때마다 종이가 끼인다는 것이다. 물론 내가 종이 끼여 있는 것을 고쳐주곤 하니깐 하는 농담이시다.

종이를 빼내려고 하다 보니 상태 패널에 'Paper jam'이라고 되어 있다. 그래서 한 마디 했다.

"왜 여기에 종이를 넣어야지 잼 넣었어? 그러니 고장이 나지……"

과학부장 선생님이랑 옆에 있던 강순민 선생님이랑 크게 웃으신다.

(2005년 2월 16일)

경차

2월 22일, 올해의 과학부 마지막 회식을 하였다. 점심은 오죽헌에서 고기를 구워먹은 다음 차에 둘로 나누어 타고 한 팀은 성지곡 수원지로 직행, 한 팀은 영화관 예약한 다음에 성지곡 수원지에서 합류, 영화관에 딱 시간 맞추어 '콘스탄틴'이란 영화를 보았다. 저녁 식사는 사직동의 안양 해물탕에서…….

점심 식사 중, 성갑순 선생님이 학교를 옮기기 때문에 차를 샀다는 얘기를 했다. 마티즈……. 그래서 차에 대한 화제가 집중적……. 차 색이 뭐냐고 물으니 하늘색이라고 한다. 그래서 내가 한 마디 또 했다.

"마티즈 중에서 하늘색이 가장 가볍다는데요."

차 주인인 성갑순 선생님이 제일 관심이 많은지 반문한다.

"정말이예요?"

"예, 하늘거리잖아요."

성갑순 선생님께서

"오늘은 또 정말 뭔가 이유가 있는 줄 알았네."

(2005년 2월 22일)

줄

김선영 선생님이 조심스럽게 얘기한다.

"선생님, 업무가 아닌 줄은 알지만, 좀 도와주실래요?"

"뭔데요?"

"왜, 컴퓨터에서 소리가 들리지 않는 거지요?"

김선영 선생님 컴퓨터를 여럿 진단해 보니 소리가 들리지 않는다.

"정보부에 얘기해야겠네요."

"그래요? 전번에는 카드를 갈았더니 잘 되던데 카드가 문제인가 보죠?"

"정말요? 그렇담 '줄' 좀 가져다주실래요?"

"줄은 왜요?"

"갈았더니 잘 되었다면서요? 나도 한 번 갈아보게……."

"크…"

(2005년 3월 5일)

농구

3학년 2반 수업에 들어가니 저번 시간에 내가 그렇게 얘기했단다. 한 시간 더 놀고 수업 시작하자고……. 그렇담 오늘 이 시간은 놀아야 하는 시간! 학생 한 명이 나에게 제안을 한다.

"선생님 농구하러 가요!!!!~~~"

내가 대답했다.

"우리 집은 좁아서 더 이상 농 집어넣을 공간이 없는데……. 난 농이 필요없는데……. 니만 농구하러 가라!!!"

(2005년 3월 5일)

쑥국

오늘 점심에는 쑥국이 나왔다.

"이건 산짐승들이 좋아하는 건데……."

"왜요?"

"노래도 있어요. 이산으로 가면 쑥꾹, 쑤쑤꾹 쑥국, 저산으로 가면 쑥꾹……"

들은 이들은 다들 하하하……

(2005년 3월 8일)

신동

오늘 점심시간 무렵 학생 몇 명이서 과학부에 왔는데 과학부장 선생님께서…… 그들이 영재래……. 과학영재, 정보영재, 창작영재…… 등등. 창작영재가 둘이나 되길래 그들 보고 창작영재는 내가 한 번 확인해 봐야 한다고 했지…….

"왜냐 하면 나도 거의 '창작영재'니깐……"

이 말들은 김지연 선생님께서 내보고 그러네.

"샘은 창작신동!"

음…… 이젠 거의 신동 수준으로 올라섰구만!

(2005년 3월 12일)

내일은 노동절, 노동자들은 논다는데, 왜 선생님은 안 노나요?
그럼, 선생님들은 스승의 날 노나요?

불량 과자

과학부 자리에 김지연 선생님이 1학년 10반에서 뺐었다면서 기름에 튀긴 과자(이름 모름)를 세 봉지나 올려놓았다. 이름하여 불량과자……. 이성수 과학부장 선생님께 물어보았다.

"이게 왜 불량과자지요?"

이성수 선생님 왈……

"양이 모자라서 불량과자잖아요. 양이 고만큼 안 되어서……"

내가 순간 푸하하……. 그러자 이성수 선생님께서 이어서

"배웠다 아이가!"

나한테 고렇게 배웠단다.

(2005년 3월 14일)

돌김

오늘 과학부 자리로 교감 선생님께서 잠시 오셨다. 그 때 내가 무슨 얘기를 하긴 했는데……. 그건 지금 기억이 없네. 그 얘기를 듣고 김경혜 선생님이 잠시 이해가 안 된 순간이 있었는데 교감 선생님께서 내 얘기에 접때 당해서 바보 된 적이 있었다고 김경혜 선생님에게 친철히 '성종규 선생님의 얘기는 잘 들어야 된다.'고 설명하신다.

교감 선생님께서 이 학교 오셔서 얼마 안 되었을 때란다. 식당에서 메뉴로 '돌김'이 나왔는데, 내가 그 '돌김' 봉지를 들고는 그럭하더란다.

"이건 단단해서 어디 먹을 수 있겠나?"

교감 선생님은 그 말을 듣고는

"아니고오~ 이 돌김은……. 돌에 붙은 김을 뜯어서는……"

이렇게 장황하게 설명을 시작하였는데, 얘기를 듣는 날 보니 그냥 빙그레 웃고만 있기에 갑자기 내가 농담한 거라는 걸 알겠더래……. '단단해서……' -> 여기에 함정이 있었다는 걸……. ㅋㅋ

잠자코 옆에서 듣고 있던 이정혜 선생님께서 한 술 더 뜬다.

"성종규 샘의 '돌김' 다른 버전도 있는 걸 알아요?"

교감 선생님과 김경혜 선생님이 관심을 갖는다.

"저번에는 내한테 '돌에도 김이 나나?' 이렇게 묻더라고요."

하여튼 결론은 내 말을 그냥 있는 대로 듣지 말라는 것이다.

(2005년 3월 23일)

요쿠르트와 대화하는 법

아침 일찍 요쿠르트 배달하는 아줌마 올 시간에 대문으로 나간다. 아줌마가 대문 밑으로 요쿠르트를 밀어넣을 즈음에,

"누구세요~~?"

하면

"요쿠르틉니다."

이렇게 대답한다. 요쿠르트와의 대화 미션 썩쎄스……. ㅋ

(2005년 3월 24일)

부활절 달걀

아침에 교무실에 계란이 자리마다 올라 있다. 교무부장 선생님께서 계란을 부지런히 까고 계시다. 그런데 계란이 확실히 안 삶겼는지 잘 안 까진다. 지나가던 내가 한 마디…….

"정말 부알절 달걀이네요. 부지런히 알까고 있으니……ㅋㅋ"

그러니 교무부장 선생님께서도 맞받으시네.

"이거, 왜 이리 '부알'이 안 되노……?!!"

(2005년 3월 28일)

간수

과학부장 선생님께서 인터넷에서 보셨는지

“풀무원이 독점인데, 어디 간수만 있으면 내가 집에서 두부 만들어서 팔아야 되겠다.”

이러신다. 나는 또 가만히 있지 못하고 한 마디 한다.

“간수 그 거, 많이 있더니만…….”

그러니

“그러게 말이야!”

하신다. 이어서 내가

“청송감호소에도 있고…….”

이 때까진 별로 들으신다.

“부산교도소에는 역할도 못하는 거 같던데…”

순간, 푸하하…… 하시면서

“난, 또 무슨 소린가 했네…….”

(2005년 4월 11일)

인도

〈앞 부분 생략〉

[선영]하늘이슬 님의 말 : 한테 연락해볼까 해요..

[선영]하늘이슬 님의 말 : 아는 사람이 없어서...

[선영]하늘이슬 님의 말 : --;;

금양3-4쌤 님의 말 : 그렇게 하세요... 인도 교육과정 그거 되게 구하기 어려운가 보지요?

[선영]하늘이슬 님의 말 : 교육과정은.... 어떻게 구한것 같은데..

[선영]하늘이슬 님의 말 : 교과서가 있었음 해서요..

금양3-4쌤 님의 말 : ....그렇담.. 교과서,,,,

금양3-4쌤 님의 말 : 인도 근처에 사는 사람이 있으면 좋을텐데....

[선영]하늘이슬 님의 말 : 하여튼 좀 있다 다시 연락해봐야겠어요..

금양3-4쌤 님의 말 : 우리집은 인도에서 좀 떨어져 있어서....

[선영]하늘이슬 님의 말 : 샘 바쁘실텐데..

[선영]하늘이슬 님의 말 : 일하세요...^^

금양3-4쌤 님의 말 : 하여튼 .. 김미자 샘에게 하면 될 듯...

[선영]하늘이슬 님의 말 : 헉..

[선영]하늘이슬 님의 말 : 저 위에....

금양3-4쌤 님의 말 : 넵 그러겠습니다. 그럼 다음 주 보도록 하고....

[선영]하늘이슬 님의 말 : 무슨 말인가 했음..

[선영]하늘이슬 님의 말 : ㅋㅋㅋ

[선영]하늘이슬 님의 말 : 담 주에 뵈요...

금양3-4쌤 님의 말 : 저 위에? '인도'?

[선영]하늘이슬 님의 말 : 네..

[선영]하늘이슬 님의 말 : 지금 이해했음..

금양3-4쌤 님의 말 : 빨리 알아들으시는군...ㅋㅋ

금양3-4쌤 님의 말 : 그럼 담에 봐요...

[선영]하늘이슬 님의 말 : 넵...

[선영]하늘이슬 님의 말 : 바바이..

(2005년 4월 12일)

해 보기

오늘 3학년 2반에 가니 수업이 준비가 안 되어 있네. 그래서 할 수 없이 내가 수업을 하였지. 나의 수업은 항상 꼭 같아. 아무 거나 질문해라 하고, 질문하면 답해 주는 거지. 어쨌든……. 수업 중에 누군가가

"한 번 해 보지요."

요럭하더라구! 난 가만히 창가로 다가갔어. 마침 창살로 밝음이 스며들어 있었어. 난 브라인드를 한 번 살짝 들켜 보고는,

"참 눈부시군. 한번 해 보았다이!……"

요럭했더니 눈치 빠른 한 녀석이 킥킥 웃네. 잠시 후 몇 명이 또 눈치 채고는 입을 틀어 막고…….

(2005년 4월 14일)

다독상

아침에 교무실 중간 하얀 칠판 앞에 선생님들께서 우~ 모여 계시다. 과학부는 거기서 좀 먼 거리……. 선생님들께서 모여 계신 그곳을 거쳐 과학부 자리로 온 내게 김경혜 선생님께서 물어 보신다.

"저기 뭔 일인데요?"

"다독상! 친구들을 잘 다독거려 주었는가 보죠!"

(2005년 4월 15일)

별축제

과학교육원에서 '별축제'가 있다. 김경혜 선생님에게 '별축제' 관련 공문을 보여 달라 했다. 운영 위원이어서 언제까지 가야 하는지 알아야 하기에~~. 김경혜 선생님이 공문을 꺼내어 보여 주면서…

"별축제 이런데 가면 정말 볼 게 많겠네요."

요러신다. 한마디 하였다.

"뭐, '별' 볼게 없을거예요."

(2005년 4월 22일)

난 오늘도 네게로 난 조그만 창으로만 세상을 보고 있다.
그렇게 금제(禁制)당했기에 난 더 이상의 노력도 하지 않고
그것으로 만족하여 있다.

전화

오늘 시험 첫날! 시험 마치고 3학년 선생님들이랑 통도사 서운암 들꽃축제 하는 곳에 갔다. 통도사 문을 지나 새 단풍잎이 도열해 있는 길을 지나갈 때 허영경 선생님의 휴대폰 벨이 울렸다. 학부형이었는지 어땠는지……. 한참의 통화가 끝난 후 선생님께서…….

"들어가세요~~"

요러신다. 난 허영경 선생님에게 한 마디 했지.

"바깥에 나와서 전화 하셨는가 봐요?"

허영경 선생님께서,

"왜요? 무슨 말인데요."

"들어가시라 하길래~ 난"

차에 탄 분들이 모두 "푸하ㅏㅏㅏㅏ"

(2005년 4월 27일)

통도사 서운암 들꽃축제에서...

수선화-2

삼랑진 김광식 선생님 댁에 갔다. 정원에 핀 수선화를 이승남 선생님께서 자랑을 하신다.

"저게 수선화예요."

그 쪽으로 보니 신발 두 짝이 깔창과 함께 햇볕을 받고 있다.

"저게 수선화란 말이지요?"

박희철 선생님이 수선화 쪽을 바라보다 내가 가리킨 신발 두 짝을 보곤,

"아하! 그 수선화요?"

(2005년 5월 9일)

고추와 죄수

기장 '흙시루'에서 맛난 저녁을 먹고, 해운대 스폰지에 영화 보러 갈려니깐 시간이 어중간해서… 그래서 대변의 어느 찻집에서 이야기 마당

이야기 1

콩이나 팥을 먹으면 신장이 좋아진다는 내 말을 믿질 않더군. 내가 '콩팥'이라고 강조해서 말하니 더 안 믿더군. 닮은 음식을 먹으면 그 부분이 좋아진다는 것을 더욱 강조했지. 호두를 먹으면 머리가 좋아지고… 등등… 강순민 선생님도 동의하더군. 그러다가 쏟아진 강순민 선생님의 말이 압권이었어.

"그럼, 고추를 먹으면 정력이 좋아지나……?"

다들 푸하하하하하하하

이야기 2

교원 평가 이야기가 나왔네……. 결국 학생이 교사를 평가한다면, 그렇게 사용자가 피사용자를 평가하라 한다면 판사는 동료 판사니 배심원이 평가하기보다는 "죄수들이 판사를 평가하여야 하나?" 라는 이성수 과학부장 선생님의 말에 우리 모두 뒤집어짐…….

(2005년 5월 22일)

My Way

점심 시간, 밥 먹는데 이성수 선생님께서 3교시에 8반 수업하면서 노래 불렀냐고 묻는다. 그 시간 나는 6반 수업을 하였고, 6반 아이들이 'my way' 연습해야하기 때문에 컴퓨터로 미디 파일 틀어달래서 틀어주었다. 아이들은 따라 노래를 불렀고, 비가 와서 노래가 멀리 퍼졌는지 노래가 끝날 때 마다 8반에서는 박수를 치고, 앵콜을 외친 것이었다.

이야기가 나온 김에 한 마디 안 할 수 없지.

"그런데, 차~암~ 머스마들은 노래를 못하더라구요. 완전히 'my way' 지 쪼대로 불러요."

(2005년 6월 10일)

치자

출근길 국기게양대 옆으로 올해도 여전히 치자꽃이 피었다. 치자꽃 향기는 매우 향기로워 오래 맡기 어렵다.

"치자꽃을 '간주꽃', '가정꽃'이라고도 하거든요. '꽃이 향기롭다고 치자.', '아름답다고 치자.', '이리 치자.', '저리 치자.'…"

그래도 무슨 말인지를 모르는 청중들…….

"무슨 말인지 모르겠어요?"

거의 1분이나 지났을까? 폭소를 터뜨리는 허영경, 전미옥, 신정남 선생님…….

(2005년 6월 11일)

거리

김광식 선생님 부부, 박우홍 선생님 부부랑 복날이라고 더위 덜 타는 음식을 같이 했다. 그리고 2차, 3차…. 한 잔을 하면서 이상윤 선생님, 김석룡 선생님에게 전화를 하였다. 방학 중인데 어디 한 곳 놀러 갈 겸해서 출사를 가자는 통보를 김광식 선생님이 하였다.

김석룡 선생님은 욕지도 출신이다. 욕지도 본섬과 좀 떨어진 '노대'라는 곳이 고향이고, 방학을 맞이하여 몇 번은 그곳을 방문하였었다. 배를 타고 근처의 작은 무인도에서 휴식을 했던 것도 생각이 나고, 바위섬에서 낚시를 한 것도 생각이 난다.

욕지도 하면 또 생각나는 얘기가 있다. 내가 모두에게 낸 넌센스 문제다.

"욕지도 길은 왜 이렇게 지저분하지요?"

그렇게 지저분하지도 않은데 왜 내가 그런 말을 하는지 모두가 의아해 하였다.

"이름 때문인가 봐요……. '욕지거리'!"

욕지도의 길은 모두 '욕지거리'다.

(2005년 7월 26일)

자이승

몽골 울란바타르 남쪽의 자이승 승전 기념탑을 올랐다. 차안에서 참지 못하고 여러분들에게 퀴즈를 내었다.

위의 것은 자이승 전승 기념탑의 벽화
아래에 것은 자이승 전승 기념탑을 오르는 모습.

"자이승 전승 기념탑은 전쟁에서 이긴 것을 기념하기 위해 세운 탑인것은 다~아 잘 아시지요?"

"예."

"그렇담, 몇 번이나 전쟁에서 이겼는지 아시나요?"

"예!??"

"이승입니다. '자! 이승'"

다들……. ^^(할 말 없음)

(2005년 8월 25일)

별로 좋지 않다구요? 아닙니다. 최고입니다.

해양자연자박물관에서 크로키한 육동가리돔

조령모개

문경 새재를 넘어오니 사과와 모과를 판다. 지나칠 수 없는 내가 선생님들께 한 마디를 하였다.

"여기 문경 새재에는 사과하고 모과가 유명하거든요. 사과는 모르겠는데, 모과에는 특별한 이름까지 붙어있어요. 뭔지 알아요?"

"뭔데요?"

"조령모개*!!ㅠㅠ"

*모개는 모과의 경상도 사투리이다.

(2005년 11월 17일)

개발제한구역

국제신문과 녹색도시부산21협의회가 공동 주체하는 금정산 교실의 강사로 나갔다. 오늘의 주제는 '금정산의 암석'. 북문을 지나 금샘으로 가는 길이었다. '개발제한구역'이라는 팻말이 보였다. 그냥 지나칠리 없는 나.

"여긴 개 데리고 오면 안되는 곳이어요."

그 말을 들으신 어르신 중 한 분이 개 데리고 산에 오는 사람은 상식 밖의 인간이라고 마구 열을 내신다. 난 그 말 할려고 꺼낸 게 아니다.

"ㅠ.ㅠ '개' '발' 제한구역이라잖아요……."

(2005년 11월 20일)

소원 듣는 돌

삼랑진 만어사에 갔다. 만어사 앞으로부터 산 아래로 이어진 테일러스를 조사하기 위해 방문한 터였다. 만어사에는 소원 듣는 돌이 있다. 표면에 거북이 등껍질 같은 무늬가 있는데 수석하는 사람들의 용어를 쓰면 '귀갑석'이다.

그냥 한 번 들어보면 쉽게 들린다. 그런데 이 돌을 앞에 두고 정성을 다해 기도를 드린 다음에 들면 소원이 이루어진다면 돌이 들리지 않는다고 한다. 정말 그런지 동료 몇이 그렇게 해 보니 과연 돌이 들리지 않는다. 들어 본 동료들의 평으로는 꼭 들기 어려운 위치에 있기도 하지만, 정말 처음에는 쉽게 들리더니 기도를 정성껏 하고 나니 들리지 않는다고 한다.

그렇지만, 나의 한 마디에 모두 나가 떨어지고 만다.

"저 돌을 들 수 있게 해 주세요. 이렇게 정성껏 기도하고 돌을 든다면, 그 소원은 이루어질껀가?"

(2005년 11월 28일)

만어사의 다람쥐가 겁도 없다.

내가 이렇게 가까이 접근해 찍을 때까지 도망하지 않았다.

동지 팥죽

12월 22일. 매년 이 날 학교 식단에서는 팥죽이 빠지질 않는다. 올해는 참말로 잘 끓였다. 한 그릇을 더 먹었다.

반찬으로 메추리알이 나왔다.

“오늘 반찬으로 왜 메추리알이 나왔는지 알아요?”

일순, 몇 선생님이 긴장한다. 언젠가부터 내 질문에 긴장을 하시는 선생님들이 계신다.

“동지 팥죽은 ‘새알’하고 같이 먹어야 돼요!!”

(2005년 12월 22일)

일정-2

오늘 해운대 장산 대천공원 일원에서 생물 1급정교사 자격연수 강의를 나갔다. 과목은 현장체험학습. 김형두 연구사가 김화선 선생님더러 일정을 소개하라고 했다. 순간 난 뜨끔했다. 뜬금없이 왠 일정을 소개해…? 그런데, 일정이란 내가 아는 것과 다른 것이었다.

나중에 내가 강의할 차례에 그 사실을 선생님들에게 얘기했다.

“난, 아까 일정을 소개하라기에 여기 일정이 세 명인 거는 다 아는데, 뭐 그까짓 것 소개하냐고 생각했죠!!”

선생님들이 폭소를 터뜨리셨다.

(2006년 1월 27일)

'잠'과 '피곤한 거'

질문을 하라니까

"선생님! 잠하고 피곤한 거 하고 어떻게 달라요?"

이런다. 참… 아이들은 대답하기 곤란한 질문을 잘도 한다. 글쎄다. 급히 답하다 보니 이런 대답을 했다.

"피곤한 거는 잠 오지 않아도 피곤할 수 있고, 잠 오는 거는 피곤하지 않아도 잠 올 수 있단다."

내가 한 얘기지만 그게 도대체 무슨 얘기였는지……, 아이들은 내 대답에 마냥 폭소를 터뜨렸지만…….

(2006년 4월 16일)

실패

3학년 10반 수업시간…. 몰래 미술과제를 하고 있는 학생이 있다. 사진 두 장을 가지고 가늘게 잘라 그 자른 조각을 하나씩 번갈아 붙여서 만드는 작품이다. 대략 예상되겠지만, 그렇게 하면 사람 얼굴 같은 것은 옆으로 퍼져 보이겠다는 생각이 든다. 그렇게 하면 사람 얼굴이 두 배로 보이지 않느냐고 하니 그렇다고 한다. 그렇담, 사람 얼굴 퍼져 보이지 않게 하는 방법이 있겠다고 했더니 어떻게 하느냐고 묻는다. 그래서, 내 생각을 얘기하여 주었더니 일견 수긍은 하면서 "그렇게 해서 실패하면 어떻게 해요?" 이런다.

"실패를 두려워하면 창조가 이루어지지 않지!"

막 튀어 나온 말이 말한 그 때로서는 너무 명언인 거 같아 종이에 적어 두었다. 지금 보니 별 의미 없는 말인 것 같지만 종이에 적어 둔 것이 아까워 보여 옮겨 적어본다.

(2006년 5월 21일)

전교생

학교에서 소방훈련이 오후에 있었다. 교무실 하얀 칠판에 전교생이 5교시 마치고 방송과 함께 운동장에 모인다고 적혀 있다. 과학부로 돌아오면서 과학부장 선생님께 물어보았다.

"오늘 소방훈련은 교생 선생님들만 하는가 보죠?"

"아닌데! 다 나가야 되는데~"

"그런데, 왜 칠판에는 '전 교생'이라고 적혀 있죠?"

(2006년 5월 22일)

변비

난 머릿속이 좀 이상한지 별 희한한 단어들이, 상상들이 언제나 맴돌아. 아침에 좀 신기한 꿈을 꾸며 일어나는 순간, 희한한 단어가 생각이 나네…….

'매월똥' (매월당이라는 말은 익숙하겠지? 매월당 김시습을 알잖느냐 말이야. 그런데, 마지막 말말 살짝 비트니 '한 달에 한 번 똥' 같은 단어가 되어버리네…… ㅋㅋ 변비의 또 다른 이름인지도……???)

(2006년 12월 24일)

어제, 금요일은

원두 커피

요새 며칠 전부터 생활진로부 자리에 커피가 달라졌다. 그 냄새를 어떤 이는 좋아하고 어떤 이는 다소 싫어하고……. 암튼 아침에 학년부 모임을 마치고 내 자리로 돌아오니 원탁에 둘러 앉은 선생님들이 다 따라 마시고, 한 두 방울씩만 뚝 뚝 떨어지고 있다.

"이건 한 방울 두 방울 뚝 뚝 떨어져서 그래서 원투 커피라 하나 봐요…."

다들 푸하하……. 박덕순 선생님은 "또 또 그런다."고 하고 방은성 선생님은 "샘의 존재감이 느껴진다."고 하고…

(2007년 9월 18일)

판공비

교장, 교감 선생님께서 떡을 돌리셨다. 교장, 교감 선생님은 참 돈도 많아야겠다 싶다. 이 참에 얘기 하날 이혜정 선생님께 했다.

"학교에서는 학년 초에 공을 많이 사거든요. 그 공이 나중에는 좀 남아요. 그래서 그걸 팔거든요. 그러면 돈이 생겨요. 그 돈을 뭐라 하는지 알아요?"

당연히 이혜정 선생님이 아실 얘기가 아니다.

"뭔데요?"

"판공비"

이혜정 선생님이 "그거 지어낸 얘기죠?"하면서 박덕순 선생님한테도 동의를 구한다. 박덕순 선생님은 맨날 그런 거 지어낼 생각만 하느냐고 핀잔이다.

(2007년 9월 18일)

따뜻한 손길

종례 시간에 우리 반 아이들 몇을 불러내었다. 복장 위반, 지각, 두발… 등등. 선도부에게 생활수칙 위반으로 적발된 적이 있는 아이들이다. 다들 스스로의 벌칙목을 알고 있는지 어기적 어기적 걸어 나온다. 나는 그 아이들의 손을 한 명 한 명 그냥 잡아만 주었다. 그리고는 제자리로 돌아가게 하였다. 우리 반 아이들이 어리둥절해 한다. 설명이 필요할 것 같아 '생활수칙 위반사항' 쪽지를 들고는

"여기에 '아이들이 선생님의 따뜻한 손길과 마음을 기다리고 있다'고 하잖아! 그래서……."

아이들은 모두 까르르르 넘어간다.

****

우리학교 생활수칙 위반사항 쪽지를 공개하면

> 생활수칙 위반사항
>
> ------- 선생님
>
> 많이 힘드시죠..^^ 아이들이 선생님의 따뜻한 손길과
> 마음을 기다리고 있습니다. 지도 부탁드립니다.
>
> 200 년 월 일 학년 반
>
> 복장 :
> 두발 :
> 지각 :
> 명찰 :
> 타이 :
> 기타 :

위의 위반사항에 이름이 매일 매일 적혀서 담임에게 통보된다.

(2007년 9월 21일)

살아 있어서

오늘 점심은 충무김밥……. 따라 나온 후식은 가평잣 한과. 한과는 두 개가 들어있고 포장이 멋지게 되어 있다. 나는 한과를 안 먹고 이혜정 선생님에게 들이 밀었다.

"샘 드세요. 난 이거 못 먹겠어요."

"왜요?"

"살아 있어서~~~"

이혜정 선생님은 무슨 말인지 모르신다. 난 넌지시 한과를 건넨다. 한과의 포장껍데기에는

〈살아 있는 전통 한과의 맛!〉 가평잣 한과. 이렇게 되어 있다.

(2007년 9월 21일)

빨리 가는 길

내 동생 이야기. 올 추석에 제사 지내고 선산에 성묘 지내고 나서 작은 할머니 댁에 들르고 나서 집으로 돌아오니 딱 점심시간이다. 점심을 먹고 나서 손님들 치레도 해야겠지만, 돌이 급해서 동생과 함께 함양에 돌을 주으러 가기로 했다. 마침 형님의 처갓집이 우리가 돌을 주으러 가는 함양 마천인지라 동생 차에 형제 세 명이 타고 갔다. 진주 시내를 벗어나면서 길은 몇 갈래가 되는지라 형님이 내 동생더러 물었다.

"어떻게 가면 빨리 가는데?"

내 동생은 마치 내 스타일대로

"앞으로 가몬 빨리 가지."

이렇게 대답한다.

(2007년 9월 27일)

요쪽 조쪽

윤종범 (Basket Man) 님의 말 : 선생님.안녕하세요...^^ㅎ

성종규 (꿈을 향해 설흔 다섯 발짝~~) 님의 말 : 우째, 낮에?? ㅋ

윤종범 (Basket Man) 님의 말 : 학교 안갔어요..ㅎ

성종규 (꿈을 향해 설흔 다섯 발짝~~) 님의 말 : 결석? 범생이가?

윤종범 (Basket Man) 님의 말 : ;;ㅎ반어법 유머;;?ㅋ

성종규 (꿈을 향해 설흔 다섯 발짝~~) 님의 말 : ㅋㅋ 그런가? 아직도 녹슬지 않았다는...ㅋㅋ

윤종범 (Basket Man) 님의 말 : 하하 ㅎ

윤종범 (Basket Man) 님의 말 : 네이트온 자주하시네요

윤종범 (Basket Man) 님의 말 : 어디세요?

성종규 (꿈을 향해 설흔 다섯 발짝~~) 님의 말 : ... 자주 하지는 않아, 그냥 켜 놓지...ㅋㅋ

성종규 (꿈을 향해 설흔 다섯 발짝~~) 님의 말 : 집, 학교..ㅎ

윤종범 (Basket Man) 님의 말 : 아하!저 운이 좋으네요 ㅎ

성종규 (꿈을 향해 설흔 다섯 발짝~~) 님의 말 : 그렇게,,,ㅋㅋ 아님, 수업시간였을꺼네,,,ㅎ

윤종범 (Basket Man) 님의 말 : 이야~ㅎ

윤종범 (Basket Man) 님의 말 : 럭퀴럭퀴

성종규 (꿈을 향해 설흔 다섯 발짝~~) 님의 말 : 우짠 일로 학교는? 노는 날이냐?윤종범 (Basket Man) 님의 말 : 아니요.ㅎ

윤종범 (Basket Man) 님의 말 : 가기 싫어서.....

윤종범 (Basket Man) 님의 말 : 학교가 참 싫으네요;;ㅎ

성종규 (꿈을 향해 설흔 다섯 발짝~~) 님의 말 : ㅎㅎ 가기 싫으면 안 가는거...ㅋㅋ

윤종범 (Basket Man) 님의 말 : 가고 싶어 미칠곳이 되야 정상일텐데

성종규 (꿈을 향해 설흔 다섯 발짝~~) 님의 말 : 조은 일이다...

성종규 (꿈을 향해 설흔 다섯 발짝~~) 님의 말 : 그러게 말이야;;;

성종규 (꿈을 향해 설흔 다섯 발짝~~) 님의 말 : 사는게 다~아 그런게 아니겠니...

윤종범 (Basket Man) 님의 말 : 헤~^^

윤종범 (Basket Man) 님의 말 : 학교 어디계세요?

성종규 (꿈을 향해 설흔 다섯 발짝~~) 님의 말 : 나도 학교 진짜 다니기 싫다.

성종규 (꿈을 향해 설흔 다섯 발짝~~) 님의 말 : 학교는 '학장중학교'

성종규 (꿈을 향해 설흔 다섯 발짝~~) 님의 말 : 넘 멀다.

성종규 (꿈을 향해 설흔 다섯 발짝~~) 님의 말 : 거기서

성종규 (꿈을 향해 설흔 다섯 발짝~~) 님의 말 : 아침 출근 시간이 무려 40 분 걸린다.

성종규 (꿈을 향해 설흔 다섯 발짝~~) 님의 말 : 내 차로~~~

윤종범 (Basket Man) 님의 말 : ;;;

윤종범 (Basket Man) 님의 말 : 그 집차?

성종규 (꿈을 향해 설흔 다섯 발짝~~) 님의 말 : 우리 집차..ㅋㅋ

윤종범 (Basket Man) 님의 말 : ㅋㅋㅋㅋㅋ아 개그작력

윤종범 (Basket Man) 님의 말 : 작렬

성종규 (꿈을 향해 설흔 다섯 발짝~~) 님의 말 : 여전 작렬...ㅋㅋ

성종규 (꿈을 향해 설흔 다섯 발짝~~) 님의 말 : 아직 녹슬지 않았다는... ㅎㅎ

윤종범 (Basket Man) 님의 말 : ㅋㅋㅋ녹슬지 않았다는걸

윤종범 (Basket Man) 님의 말 : 재차 강조하시네요 ㅋㅋ

성종규 (꿈을 향해 설흔 다섯 발짝~~) 님의 말 : 요즘은 강조해야만 되는 세상...

성종규 (꿈을 향해 설흔 다섯 발짝~~) 님의 말 : 내 피알은 내가 한다..ㅎ

성종규 (꿈을 향해 설흔 다섯 발짝~~) 님의 말 : 남이 안 해 준다....ㅋ

윤종범 (Basket Man) 님의 말 : 하하...그러네요.ㅎ

윤종범 (Basket Man) 님의 말 : 맞아요.ㅎ

성종규 (꿈을 향해 설흔 다섯 발짝~~) 님의 말 : ... 다른 애들은 학교가

있는데, 난 안가는 그런 즐거움을 짐
성종규 (꿈을 향해 설흔 다섯 발짝~~) 님의 말 : 만끽하고 있게끈...ㅎ
윤종범 (Basket Man) 님의 말 : 음....
성종규 (꿈을 향해 설흔 다섯 발짝~~) 님의 말 : .... 깊이 생각마라...
윤종범 (Basket Man) 님의 말 : 기분이 안좋아서ㅎㅎ
윤종범 (Basket Man) 님의 말 : 오늘 중요한 결정을 할생각이에ㅛ
성종규 (꿈을 향해 설흔 다섯 발짝~~) 님의 말 : 다른 사람과는 다른 삶을 산다는 것을 가끔을 즐겨야 하기도 하지...ㅋ
성종규 (꿈을 향해 설흔 다섯 발짝~~) 님의 말 : 무슨 중요한 결정인지?
성종규 (꿈을 향해 설흔 다섯 발짝~~) 님의 말 : 물어도 되겠니?
윤종범 (Basket Man) 님의 말 : 음
성종규 (꿈을 향해 설흔 다섯 발짝~~) 님의 말 : 음...
성종규 (꿈을 향해 설흔 다섯 발짝~~) 님의 말 : 뭘까~~~나.
윤종범 (Basket Man) 님의 말 : 갈림길에서 요쪽으로 갈까 조쪽으로 갈까
윤종범 (Basket Man) 님의 말 : 헤헤
성종규 (꿈을 향해 설흔 다섯 발짝~~) 님의 말 : 물으면 안되면 안 물어볼께
윤종범 (Basket Man) 님의 말 : 구체적으로 말씀드려요?ㅎ
윤종범 (Basket Man) 님의 말 : 음.
성종규 (꿈을 향해 설흔 다섯 발짝~~) 님의 말 : 편안한 휴식을 원하면 요쪽으로
성종규 (꿈을 향해 설흔 다섯 발짝~~) 님의 말 : 부자되길 원하면 조쪽으로
성종규 (꿈을 향해 설흔 다섯 발짝~~) 님의 말 : 휴식은 이불(요)에서
윤종범 (Basket Man) 님의 말 : 아 ㅋㅋㅋㅋㅋㅋㅋ제발 ㅋㅋ
성종규 (꿈을 향해 설흔 다섯 발짝~~) 님의 말 : 돈은 조 정도는 벌어야...
성종규 (꿈을 향해 설흔 다섯 발짝~~) 님의 말 : 미안 미안...
윤종범 (Basket Man) 님의 말 : 오오!!!
성종규 (꿈을 향해 설흔 다섯 발짝~~) 님의 말 : 중요한 갈림길인데...ㅎ

윤종범 (Basket Man) 님의 말 : 방금 짜낸거세요?ㅋㅋ
성종규 (꿈을 향해 설흔 다섯 발짝~~) 님의 말 : 그렇지..
윤종범 (Basket Man) 님의 말 : 괜찮으네요 ㅋㅋ
성종규 (꿈을 향해 설흔 다섯 발짝~~) 님의 말 : 그냥 난 생각나는대로 얘기하는 편이거든...
윤종범 (Basket Man) 님의 말 : 브레인스토밍....
윤종범 (Basket Man) 님의 말 : 잘때리면 대박나지만
성종규 (꿈을 향해 설흔 다섯 발짝~~) 님의 말 : ..그렇지...ㅋ
윤종범 (Basket Man) 님의 말 : 못때리면 분위기만 애매해진다는 ㅎ
성종규 (꿈을 향해 설흔 다섯 발짝~~) 님의 말 : 대박도 가끔은 난다...
윤종범 (Basket Man) 님의 말 : 대박나면 ㅎㅎ정말
성종규 (꿈을 향해 설흔 다섯 발짝~~) 님의 말 : 사람들이 날 많이 애매해하기도 한다만..ㅠㅠ
윤종범 (Basket Man) 님의 말 : 기분 좋죠.ㅋㅋㅋㅋ
성종규 (꿈을 향해 설흔 다섯 발짝~~) 님의 말 : ..ㅋㅋ
성종규 (꿈을 향해 설흔 다섯 발짝~~) 님의 말 : 대박 작살...ㅎ
윤종범 (Basket Man) 님의 말 : 대박이 있으니까
성종규 (꿈을 향해 설흔 다섯 발짝~~) 님의 말 : 결정은 주변 사람들의 얘기를 참고로 하되
윤종범 (Basket Man) 님의 말 : 애매해도 웃어넘길수있겠죠 ㅎ
성종규 (꿈을 향해 설흔 다섯 발짝~~) 님의 말 : 마지막은 니가 내려라...ㅋ
윤종범 (Basket Man) 님의 말 : 음
윤종범 (Basket Man) 님의 말 : 어떤거 생각중이냐면요
성종규 (꿈을 향해 설흔 다섯 발짝~~) 님의 말 : 음
윤종범 (Basket Man) 님의 말 : 솔직히 별거 아닌데;;
성종규 (꿈을 향해 설흔 다섯 발짝~~) 님의 말 : 음
윤종범 (Basket Man) 님의 말 : 너무 중대한듯이 말하네요 저;;ㅋ
성종규 (꿈을 향해 설흔 다섯 발짝~~) 님의 말 : ㅎ

윤종범 (Basket Man) 님의 말 : 에...

성종규 (꿈을 향해 설흔 다섯 발짝~~) 님의 말 : 그러니깐,

성종규 (꿈을 향해 설흔 다섯 발짝~~) 님의 말 : ㅋ

윤종범 (Basket Man) 님의 말 : 학교가 너무 싫어서요

성종규 (꿈을 향해 설흔 다섯 발짝~~) 님의 말 : .... 빨리 학교 졸업하는 방법은?

윤종범 (Basket Man) 님의 말 : 있나요;;

윤종범 (Basket Man) 님의 말 : 아 정말

성종규 (꿈을 향해 설흔 다섯 발짝~~) 님의 말 : 없지... 세월이 지나면

성종규 (꿈을 향해 설흔 다섯 발짝~~) 님의 말 : 되는거지

성종규 (꿈을 향해 설흔 다섯 발짝~~) 님의 말 : 학교는 그냥 개념없이 다니고

성종규 (꿈을 향해 설흔 다섯 발짝~~) 님의 말 : 오후 시간을 인생을 위해 잼나게 사는

성종규 (꿈을 향해 설흔 다섯 발짝~~) 님의 말 : 그런 방법 있자나...

성종규 (꿈을 향해 설흔 다섯 발짝~~) 님의 말 : 그렇담,

성종규 (꿈을 향해 설흔 다섯 발짝~~) 님의 말 : 학교는 그냥 의례상... 남이 가니깐...

성종규 (꿈을 향해 설흔 다섯 발짝~~) 님의 말 : 거기서 특별히 뭔가를 얻는 그런 거는 아니고

성종규 (꿈을 향해 설흔 다섯 발짝~~) 님의 말 : 그냥 사교활동 정도로 여기고

윤종범 (Basket Man) 님의 말 : 사회통념을 따라주는정도;;?ㅋㅋㅋ

성종규 (꿈을 향해 설흔 다섯 발짝~~) 님의 말 : 그래서 사람이나 사귀고 책이나 읽고

성종규 (꿈을 향해 설흔 다섯 발짝~~) 님의 말 : 그러다가 오후 시간 .. 다른 애들이 야자니

성종규 (꿈을 향해 설흔 다섯 발짝~~) 님의 말 : 보충활동이니 할때

성종규 (꿈을 향해 설흔 다섯 발짝~~) 님의 말 : 그럴 저녁 시간

성종규 (꿈을 향해 설흔 다섯 발짝~~) 님의 말 : 하고 싶은 걸 하믄 안 되남?
성종규 (꿈을 향해 설흔 다섯 발짝~~) 님의 말 : 그러다가 세월이 가믄
윤종범 (Basket Man) 님의 말 : 그러기만해도
성종규 (꿈을 향해 설흔 다섯 발짝~~) 님의 말 : 그냥 졸업을 하는 것이거
윤종범 (Basket Man) 님의 말 : 괜찮겠는데........
윤종범 (Basket Man) 님의 말 : 저희학교가
성종규 (꿈을 향해 설흔 다섯 발짝~~) 님의 말 : 졸업을 하면 하고 싶은 거 맘껏 하고
윤종범 (Basket Man) 님의 말 : '동인고'라고.....
성종규 (꿈을 향해 설흔 다섯 발짝~~) 님의 말 : 학교가 넘 통제가 심하나?
성종규 (꿈을 향해 설흔 다섯 발짝~~) 님의 말 : 그럼, 전학을
윤종범 (Basket Man) 님의 말 : 소문났죠...;
성종규 (꿈을 향해 설흔 다섯 발짝~~) 님의 말 : 전학을 가면 되지...
윤종범 (Basket Man) 님의 말 : 전학도 같은 학군 안에서는
윤종범 (Basket Man) 님의 말 : 안된다고 해서요
성종규 (꿈을 향해 설흔 다섯 발짝~~) 님의 말 : 그냥 대학 안 간다고 선언하고
성종규 (꿈을 향해 설흔 다섯 발짝~~) 님의 말 : 담 샘에게 말씀 드리고
성종규 (꿈을 향해 설흔 다섯 발짝~~) 님의 말 : 그렇게 하믄
윤종범 (Basket Man) 님의 말 : 아....고민되는게요
성종규 (꿈을 향해 설흔 다섯 발짝~~) 님의 말 : 담 샘이 엄마 아빠 상담한다고 난리 아니겠지
성종규 (꿈을 향해 설흔 다섯 발짝~~) 님의 말 : 그렇더라도 니가 넘 학교 싫고, 하다고 확고하게 말씀드리면
성종규 (꿈을 향해 설흔 다섯 발짝~~) 님의 말 : 담 샘이 엄마 아빠 상담해도 그냥 우찌 안될까?
윤종범 (Basket Man) 님의 말 : 네....좋은 스토리네요.ㅜㅎ

윤종범 (Basket Man) 님의 말 : 근데 저 거기서 고민되는게
성종규 (꿈을 향해 설흔 다섯 발짝~~) 님의 말 : .. 엄마 아빠만 확실히 설득을 하면 된다. 이젠ㄴ
윤종범 (Basket Man) 님의 말 : 솔직히 그렇죠
윤종범 (Basket Man) 님의 말 : 학교 별건가요;;
윤종범 (Basket Man) 님의 말 : 가족끼리 담합하면
성종규 (꿈을 향해 설흔 다섯 발짝~~) 님의 말 : ... 니가 앞으로 살 개인적 스케쥴을 먼저 짜 봐봐....
윤종범 (Basket Man) 님의 말 : 뭐 저하나 빼는거야..
성종규 (꿈을 향해 설흔 다섯 발짝~~) 님의 말 : 그러고
윤종범 (Basket Man) 님의 말 : 네
성종규 (꿈을 향해 설흔 다섯 발짝~~) 님의 말 : 그 삶이 엄마 아빠, 가족을 확실히 설득시킬 정도로
성종규 (꿈을 향해 설흔 다섯 발짝~~) 님의 말 : 그러고는 니가 넘 확고하면
성종규 (꿈을 향해 설흔 다섯 발짝~~) 님의 말 : 너의 스토리대로 세상은 돌아간다.
윤종범 (Basket Man) 님의 말 : 음...설득시키는 순간에서
윤종범 (Basket Man) 님의 말 : 부모님이 힘드실 것 같아서요
윤종범 (Basket Man) 님의 말 : 그정도는 감수해야할까요
성종규 (꿈을 향해 설흔 다섯 발짝~~) 님의 말 : 아픔은 세월이 감수한단다.
윤종범 (Basket Man) 님의 말 : 제가 너무 이기적이라고 생각되서요...
성종규 (꿈을 향해 설흔 다섯 발짝~~) 님의 말 : 그래도 너의 삶이잖니?
윤종범 (Basket Man) 님의 말 : 전부 제맘대로만 하다가.
성종규 (꿈을 향해 설흔 다섯 발짝~~) 님의 말 : 그러니 나중 책임도 너가 지어야지...ㅋ
성종규 (꿈을 향해 설흔 다섯 발짝~~) 님의 말 : 책임, 의무, 이 딴거가 완변하면...

성종규 (꿈을 향해 설흔 다섯 발짝~~) 님의 말 : 벽

윤종범 (Basket Man) 님의 말 : 그런가요...

성종규 (꿈을 향해 설흔 다섯 발짝~~) 님의 말 : 난, 시험감독 들어가야 되어서 이만 끊어야 겠다.

윤종범 (Basket Man) 님의 말 : 가불해서 나중에 메꿀수도있겠군요

윤종범 (Basket Man) 님의 말 : 네네...

윤종범 (Basket Man) 님의 말 : 나중에 뵈요

성종규 (꿈을 향해 설흔 다섯 발짝~~) 님의 말 : 니가 ... 좀 더 니 인생의 계획표를 먼저 확실히 만들어라.

윤종범 (Basket Man) 님의 말 : 네.

윤종범 (Basket Man) 님의 말 : 감사해요

윤종범 (Basket Man) 님의 말 : 시간내주신거. ㅎ

윤종범 (Basket Man) 님의 말 : 제 인생때문에 선생님 인생 몇분 깎아먹었네요. 갚을게요!

(2007년 10월 8일)

오바마

아침에 출근하니 미국의 대통령 당선자 오바마 얘기를 선생님들이 하고 계신다. 지나칠 수 없어 한 마디~

"오바마의 당선은 벌써 예견된 것이었거든요. 오바마 당선 노래도 벌써 있었어요."

"뭔데요?"

"오~바~마~세~이프 (all by myself~~) 못 들어 봤어요?"

(2008년 11월 7일)

그와 마찬가지로 아직 저의 못다한 이야기도 계속되었겠죠.

동현중학교의 골방이라 불렀다. 같은 교무실인데도 따로 문이 나 있었다.

골방에서 교무실을 보며 그렸다.

안경-2

교무실이 1과 2로 분리되어 있어서 수업을 가는 중에 1교무실 선생님들을 만나기도 한다. 최오순 선생님은 내가 안경을 머리에 쓴 거를 보더니만, 왜 머리에 쓰느냐고 물으신 분이다. 그래서 내가 머리가 나빠서 그렇다고 했다. 그 이후로 오늘도 머리가 나빠서 좋아지려고 쓰고 계시나요? 이런 말들을 심심찮게 하신다.

좀 식상하다 싶어, 나는 다른 답을 했다.

"샘, 오늘도 머리가 좋아지고 싶은가 보죠?"

이렇게 물어보기에,

"사람들이 나보고 눈이 높대요!"

했더니만, 엄청 깔깔 웃으신다. 그리고는, 이후로 나보고 "눈 높으신 선생님!" 이러신다.

(2010년 11월 21일)

달력에 못 박기

나와 함께 하는 모임 이야기……. 이야기의 후반에 매월 곗돈같이 만원을 자동이체시키자는 이야기와 함께 조미애 선생님이

"그럼 3, 5, 8, 11월의 네 째주 월요일로 달력에 못을 박겠습니다."

라고 하기에, 그냥 지나치지 못하고,

"달력에는 위쪽 가운데에 못 박아야지, 네 째주 월요일에 못 박으면 달력 못 넘겨요."

좌중… 다들 웃음…….

(2010년 2월 22일)

그림

새로 옮긴 학교엔 복도에 명화들이 꽤 걸려 있다. 물론 모두 이미테이션… 밀레의 것도, 마티스의 것도… 곳곳에 있다. 2교무실에는 사과나무 그림이 있다. 이건 누구 작품인지 모르겠다. 박순옥 부장 선생님께 지나가다 문제를 내었다.

"이 액자 기울어져 있죠?"

"네, 그렇네요."

"근데, 왜 기울어져 있는 지 알아요?"

"그건, 무슨 말?"

"이 쪽을 보시죠. 좀 사과가 많이 열려 있지요?"

"하하하."

"2층 복도에 밀레의 이삭줍기도 그렇더라구요. 이삭이 많이 떨어진 쪽으로 기울어져 있어요."

(2010년 3월 15일)

정부 부자 만들기

점심 시간……. 학교 탁구실 이야기가 나왔다. 탁구공이 없어진다는 얘기도… 그러자, 김규하 부장 선생님께서, 탁구공 가지고 있는 학생에게 1개당 30개를 물려야 한다고 하신다. 모든 벌금이 그렇단다.

그 말을 듣다 나는 느닷없이

"정부 부자 만들기 쉬운 방법이 있어요."

라고 했다. 같이 밥을 먹고 있는 선생님들이 '왠 생뚱맞은 이야기' 하면서 나를 본다.

"마침 선거철인데, 모든 국민들에게 만원씩을 주는 거예요. 그리고 그 만원씩에 대한 벌금을 몽땅 물리는 겁니다. 정부는 만원으로 30만원 버니까, 공민권 가진 국민들 모두 곱하면… 엄청 부자 되겠네요."

다들 허~얼~

(2010년 3월 31일)

조용히 해!

학급에서 짱 먹는 애가 있었지. 담임 선생님은 학급 선도위원으로 걔를 시켰어. 얘들이 소란스러우면 그 아이의 "조용히 해!" 이 한 마디로 교실이 그냥 조용해져…….

하루는 조례 시간, 담임 선생님이 체험학습 갈 학생을 신청받는데, 반에서 한 명인데, 아이들은 무척 가고 싶어하는 아이템이라서 서로 갈려고 "저요! 저요!" 한다고 무척이나 시끄러웠어……. 이 때 짱 먹는 선도위원 애가

"조용히 해!"

하니까 학급이 일순간 조용해 졌어. 그리고 담임 선생님은,

"그래, 조용히 하자." 이랬고 조용히가 뽑혔어. 그 반에 '조용희'가 있었어.

(2010년 4월 5일)

내 안에서 넌 모든 것을 용서받는다.

1997년 9월부터 1998년 2월까지 기거하던 프라이부르그의 내 방

시험-2

시험 감독을 하고 있는데, 한 학생이 손을 든다. 나는 습관적으로,

“잘못했나?”

학생은

“예!”

“그럼 두 손 들어!”

시험 치던 학생들: 하하하하…~~

(2010년 4월 20일)

컴퓨터 작동하기

아침에 박순옥 부장 선생님께서 컴퓨터가 잘 작동이 되지 않은지

“이문석 부장 쌤~~ 내 컴퓨터가 꼼짝도 안 해요~~”

이러신다. 옆에 있던 내가 괜한 참견을 한다.

“컴퓨터 들어 보세요.”

박순옥 부장 선생님은 왜 쌩뚱맞은 답인가 싶기는 했겠지만, 그렇게 하면 되는지 알고, 정말로 들어본다. 그러자, 나는

“거 봐요. 움직이잖아요~~”

(2010년 5월 20일)

싸가지

2010년 6월 12일, 월드컵 그리스전 승리의 날. 오전에 서울로 가서 여차하면 광화문 응원에 참여해 보고자 하였다. 그러나 비가 와서 그리스전은 결국 부산에 와서 보았다.

****

오전의 관악산 필드를 끝내고 점심으로 '토담'에서의 닭도리탕 맛있었어요. 흠이라면, 양이 많아서, 두 냄비 모두에서 많이 남겼다는 것……. '토담'을 나서면서 음식 남긴 이야기가 나오더군요. 제가 한 마디 했죠.

"음식 남긴 것 보고, 치우시는 아줌마가 뭐라시는 줄 알아요?"

"뭐라시는데요?"

"이런! 싸가지~~"

잠시 무슨 이야기인지 못 알아들으시는 분들……. 발음을 조금 교정하여 다시 한 번 말하였습니다.

"이런! 싸가지~~"

아직도 이해가 가시지 않는 분을 위한 뽀~너스 ㅎ

"양이 많았다니까요~~ㅎ"

(2010년 6월 13일)

시험-3

시험지를 나눠주고는 아이들에게 물었다.
"무슨 시험이야?"
"사회 시험인데요~~"
"중학교 와서 몇 번째 치는 시험인데?"
"두 번째요~"
"근데 왜 사회 시험이지?"
-잠시 후-
아이들 몇 : "와~~", "와~~ 개그 작렬~~"
날이 더울 때는 아이들을 시원하게 해 주어야 한다.

(2010년 7월 3일)

태풍 말로

비가 오는 듯 안 오는 듯 하는 바깥을 보고는 박순옥 부장 선생님께서
"태풍 말로가 지나갔나~~!"
그 말을 들은 내가
"말로~! 말로만 들었어요."

(2012년 9월 6일)

번호 열쇠

출근을 하니 2교무실 문이 아직 안열려 있고, 일찍 오신 선생님들께서 복도에서 계시다. 평소에 사용하던 번호 열쇠가 아닌 다른 열쇠가 달려 있고, 아무도 그 번호를 모르는 것이었다. 결국 절단기로 자르고 교무실에 일단 입실…….

아침에, 대화는 단연 열쇠에 관한 것이다. 어떻게 하면 되겠는지 막 이야기를 하시는 와중에 좌중을 평정시킨 나의 한 마디…….

"번호에다 색칠을 해 두면 되어요."

(2010년 9월 10일)

대오각성

아침이면 방과후교육부 자리로 가서 커피를 한 잔 타 마신다. 느닷없이 박순옥 부장 선생님께서

"카페인은 각성제 아니가? 요즘 한참 배운다 아이가."

그 말을 받아 내가.

"카페인 많이 마시면 많이 각성되겠네요. ㅋ… 더 많이 마시면 아예 도가 트이구요."

그 말을 맏아 옆에 있던 곽종화 선생님께서

"ㅋ 그건 대오각성이겠네요… ㅎ"

다들

"하하하."

(2010년 9월 16일)

매점

오늘 종례시간, 느닷없이 아이들에게

"매점에서는 뭐 파나? '매' 파나?"

아이들 반응 (뭐야~~)

ㅠㅠ

(2010년 10월 5일)

백일장

백일장 열림. 백일장 감독이라고 들어갔는데, 3학년 학생이 친구들 보고 들어보라고 자기가 지은 시를 외친다.

"사람은 죽어서 이름을 남기고, 호랑이는 죽어서 가죽을 남긴다."

그 말을 들은 내가

"너의 시는 너무 식상해……. 음~ 뭐랄까? 다른 사람도 모두 예상할 수 있는 그런 정도이고, 영감이 뭔가 약간 부족한 듯 해!"

이렇게 시평을 해 주었지. 그러면서,

"호랑이를 다른 뭔가로 바꾸면 더 좋지 않을까? 예를 든다면… 음… 그래, 〈구미호〉!"

넘어가는 아이들~~

(2010년 10월 2일)

처음의 만남이 차라리 어떤 목적을 위한 것이었지, 가면 갈수록 그 본래의 목적이 희박해져 갔던 것이 저의 심정이었소. 만남은 만남 그 자체의 의미로만 자꾸 남았으니 말이요.

오렌지

이소행 선생님께서 냉장고 문을 열더니

"냉장고 안에 있는 이 오렌지 너무 오래 있는 것 같은데 버려야겠죠?"

한다. 그 말을 받아서

"그래서 〈오랜〉지죠."

다들… ㅎㅎ

(2010년 11월 5일)

커피

아침에 이소행 선생님이 타먹는 커피 색깔을 보고는 김남성 부장 선생님께서

"니는 간장 타 먹나?"

그 말을 들은 내가

"저는 된장 타 먹습니다."

(이소행 선생님이 타먹는 것은 색깔이 간장색이고, 내가 타먹는 것은 색깔이 된장색임.)

(2010년 11월 6일)

나무 색깔

어제 김광식 선생님으로부터 전화가 와서 오늘 좀 도와달란다. 삼랑진으로 갔다. 오늘의 작업은 집 앞으로 나무판을 까는 작업. 작업을 하고 있는 중에 여러 사람들이 왔다가 가기도 하고, 있기도 하고…….

김광식 선생님의 처형인지 처제인지(? 난 모름) 나무판의 색깔이 몇 개는 그냥 나무색이고, 몇 개는 푸른 색인 것 보고

"이거 나무색이 왜 이래요?" 하고 묻는다.

내가 답하길,

"그건 나무가 푸를 때 베어서 그래요."

주변 분들, 다들

"우하하…"

(2010년 12월 12일)

대만 보러가기

김광식 선생님과 이상윤 선생님 등 여러 지인들이 함께 대만에 가기로 한 모양이다. 그런데 대만에 가기가 어렵게 되었다. 비행기가 수배가 되지 않는다나? 이상윤 선생님은 아들 준영이가 대만에 얼마나 가보고 싶어 하고 기대하고 있었는데, 대만이 되지 않으면 다른 데라도 가야 한단다. 내가 한마디 거들었다.

"대만 보러 갈려면 울산으로 가세요. 태화강 가에 가서 실컷 대(竹)만 보고 오면 되요!"

좌중 모든 사람들이 우하하~~

(2012년 1월 3일)

방갈로

학교에서 시범학교 운영 계획단계부터 참가하라고 연락이 왔다. 교육청, 연구원에서 나온 장학사, 연구사님과 함께 협의회를 하였다. 협의회 후 팔각정에서 식사를 하자고 한다. 나는 식사에 빠지면 안되겠느냐고 하였더니 최충녀 선생님께서 방갈로를 잡아 두었기 때문에 인원이 차야만 하기 때문에 빠지면 안된다고 하였다. 그러자 나는

"방갈로니깐 반(방)갈라서 반만 가면 안되느냐?"

하니 모두 웃는다. 최충녀 선생님께서는

"아하! 성종규 선생님이었지… 정말 오랜만에 듣는 소립니다. ㅎㅎ"

(최충녀 선생님과는 거의 10년 전에 이 학교에서 같이 근무를 했었다.)

(2012년 2월 7일)

보고서

학습연구년 파견교사의 모임이 있었다. 며칠 뒤에 마감인 보고서 제출이 화제다. 보고서를 쓰는데 먼저 샘플로 올라와 있는 것으로 보니 거의 논문 수준이어서 힘들다는 이야기가 나오고 그 정도까지는 쓰지 않아도 된다는 얘기도 나오고 그런다. 나도 한 마디 했다.

"보고서는 보고 쓰는 건데 처음부터 샘플을 어려운 걸 올려놓으니 다들 당황스러워 하잖아!"

이러니깐, 선생님들이 보고서는 보고 쓰는 거라는 데 하하 웃으신다.

(2012년 2월 8일)

거의 모든 것으로부터의 자유를 위하여

거의 모든 것으로부터의 도피를 하려고 해요.

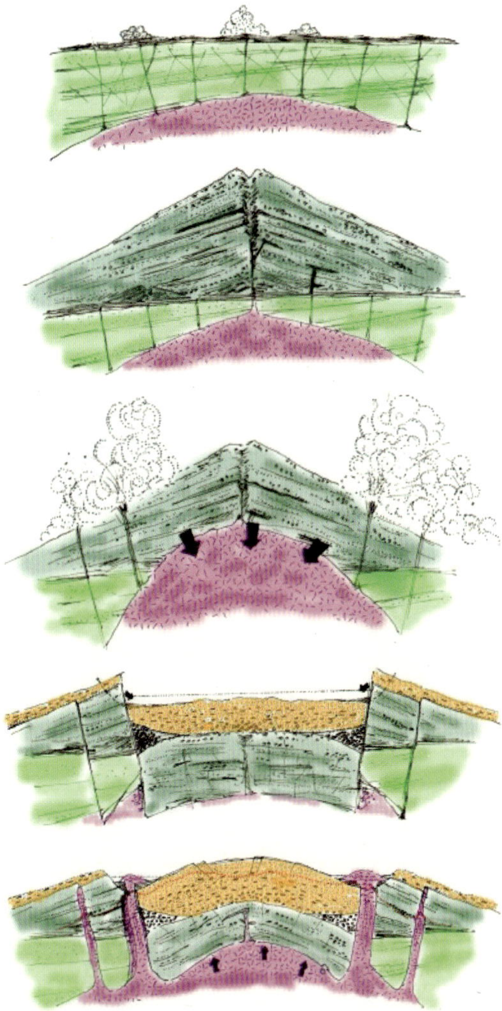

해운대 장산화산체의 생성사

데이트

오후 4시 30분이면 되도록 칼퇴근을 한다. 컴퓨터를 끄면서 옆에 앉은 강연희 기획 선생님께 한 마디 건네었다.

"데이트하자면서 내 발목을 붙잡네요."

강연희 선생님께서 눈을 번쩍 뜨시면서,

"어머나 좋겠네요." 그런다.

그러자, 나는 내 컴퓨터를 손으로 가만히 가리켰다. 내 컴퓨터는 한참 업데이트를 하고 있다. 폭소를 터트리시는…….

(2012년 4월 5일)

컴맹

3월 초면…… 뭔가 조사할 것이 많은가 보다. 자연과학부 쪽에도 조사요원이 들이닥쳤다. 정보화관련 자격증이 없냐고 묻는다. 워드1급이니, 컴퓨터활용능력3급이니…….

내게도 묻기에 그런 거 아무것도 없는 나는 당당하게 외쳤다.

"저는 컴맹1급입니다."

(2012년 4월 6일)

절로 보내다

박기숙 선생님께서 프린터로 출력을 보냈는데 한참을 기다렸는데도 나오지 않자 왜 출력이 되지 않느냐고 하였다. 내 자리 옆의 프린터에 출력물이 많이 쌓여 있기에

"생활기록부 출력물 선생님꺼 아니예요?"

하고 물으니 그렇다고 하였다. 그러면서 한 마디 하시기를

"절로 보내 놓고는 한참을 여기서 찾았다 아이가?"

하기에 나는

"절로 보냈으면 절에서 찾아야지 여기서 찾고 있어요?"

했더니 박기숙 선생님께서는

"그렇제? 스님께 물어볼 걸 그랬째?"

하고 대답을 한다. 정말로 우문우답이다.

(2012년 12월 10일)

대선

최명선 선생님께서 대선에 나온 여든한 살 드신 분의 얘기를 들었다. 북한 문제를 어떻게 생각하냐는 질문에 대하여 "철저한 무시"로 일관하더라는 것이다.

내가 만약 대선에 나간다면 그 답으로는 "새로 임명된 통일부 장관에게 일임하겠습니다."라고 하고, 사교육 문제는 하고 묻는다면 "새로 임명된 교과부 장관에게 일임하겠습니다."라고 하겠다고 했다.

장관이라고 뽑은 사람들이 나보다 더 전문가일텐데 전문가에게 일임하는 것이 맞지 않을까? 왜 사람들은 모두 자기가 다 해야 한다고 하는 것일까!

(2012년 12월 11일)

수행평가

최명선 선생님과 강연희 선생님께서 수행평가에 대한 얘기를 나누고 계시다. 한 학생이 최명선 선생님께 와서는 자기의 수행평가에 대한 것을 마구 따지더란다. 옆에서 잠자코 듣고 있는 나는 한 마디 했다.

"걔에게 그 말을 하지 그랬어요. 니는 그렇게 하는 것을 보니 아직 수행이 덜 되었다고~~"

그 말을 들은 최명선 선생님과 강연희 선생님은 완전 넘어가신다. 최명선 선생님께서 한 마디 덧붙이신다.

"샘의 이 이야기의 수행 정도는 97점쯤 됩니다."

(2012년 12월 14일)

성과급

박미경 선생님과 박정화 선생님께서 내가 앉아 있는 섹션에 와서는 성과급에 대한 열띤 토론을 하신다. 나도 약간의 생각을 덧붙여 드리고 내가 삼년 연속으로 C급(최하급)임을 자랑스레 얘기를 하였더니 박정화 선생님께서

"샘처럼 능력 있으신 분이 어떻게……."

라고 하신다. 나는

"능력은 있지만 성과는 없습니다."

라고 하였다.

(2012년 12월 14일)

볼보이

거리에 외제차가 넘쳐난다. 앞에 볼보(VOLVO)가 가고 있다.

“저 차는 다른 차와 달리 두번째 시리즈를 만들지 못한다면서요?”

“예! 무슨 말이신지?”

“소나타는 소나타 투(2), 소나타 쓰리(3)가 있잖아요? 그런데 볼보는 볼보 투(2)가 없다구요.”

“그건 또 무슨 말인지?”

“볼보의 입장에서 이름이 그렇게 불리긴 싫은가 봐요.”

“볼보 투?”

“그렇게 말고 다르게 읽어보세요. 투를 한글로~”

“아하! 볼보이…….”

(2012년 12월 24일)

돌팔이 선생의 궤변정담

초판인쇄 | 2013년 5월 5일
초판1쇄발행 | 2013년 5월 5일

지 은 이 | 성종규
펴 낸 이 | 성종규
펴 낸 곳 | 잼난인연
인쇄한곳 | 명성문화프린팅
주 소 | 부산시 금정구 장전1동 금강로 285 (609-837)
전 화 | 051) 581-0213
팩 스 | 051) 581-2103
E - mail | ignimbrite@hanmail.net
등 록 | 제251-2007-1호 (2007년 2월 1일)

ISBN 978-89-963250-3-1 (03810)

국립중앙도서관 출판시도서목록(CIP)

(돌팔이 선생의) 궤변정담 / 지은이: 성종규. -- 부산 :
잼난인연, 2013
p. ; cm
ISBN 978-89-963250-3-1 03810 : ₩14300
일화집[逸話集]
818-KDC5
895.785-DDC21 CIP2013004678

세상에 꼭 있어야 할 가치로운 책이라면 이익에 구애치 않는다는 마음으로 책을 만듭니다.